DE

Deux monſtres pro-

DIGIEVX,

A SAVOIR,

D'vn Aſne-Pape, qui fut trouué à Rome en la riuiere du Tibre, l'an M. CCCC. XCVI.

ET

D'vn Veau-moine nay à Friberg en Miſne, l'an
M. D. XXVIII.

Qui ſont vrais preſages de l'ire de Dieu : atteſtez & declarez, l'vn par P. ME-
LANCTHON, *& l'autre par* M. LVTHER.

AVEC

*Quelques exemples des iugemens de Dieu en la mort eſpou-
antable, & deſeſpoir de pluſieurs, pour auoir abandonné
la verité de l'Euangile.*

CHEZ IEAN CRESPIN.

M. D. LVII.

IEAN CRESPIN A

TOVS QVI CRAIGNENT
LE SEIGNEVR.

I L y a ia si long temps que Dieu ne ces-
se d'enseigner & bailler aduertissemés
en diuerses sortes & façons, pour retirer les hommes de leurs impietez &
côuersations detestables,& toutesfois l'ingratitude du môde est si grâde que rié ne s'en ensuit que
vn endurcissemét plus obstiné. Le Seigneur menace : & ses menaces sont reiettées comme si c'e-
stoyent des fables. Il propose des figures monstrueuses & espouantables, qui seroyent pour e-
stonner les diables mesmes:& les hômes les voyent,& les laissent passer, côme si cela ne les attou-
choit en rien. Outre plus, il môstre par effect que
il ne menace point en vain:il declare par iugemés
terribles qu'il ne peut porter le mespris de ses ad-
uertissemens : tât y a que les hômes ont leurs sens
du tout eslourdis à ce regard:& de mille à grand'
peine y en a-il deux qui ouurét les yeux pour con
siderer les merueilles du Seigneur,& pour en faire leur profit . Voicy deux figures prodigieuses
qui nous sont proposées:& les deux excellens per
sonnages, assauoir Philippes Melancthon & Mar
tin Luther,qui ont donné l'interpretation d'icel-

Dieu aduertist les hommes de leurs impietez en diuerses sor tes.

Les hommes ingrats mespri sêt les merueil les de Dieu.

A. ii.

les, ont aſſez d'authorité pour faire entendre que
ce ne ſont point des fantaſies forgées ou controu
 uées. La premiere eſt vn teſmoignage general

La ſignificat-
tion du pre-
mier monſtre.
d'vne vengeance horrible de Dieu ſur toute domination,qui s'eſleue par cruauté & tyrannie ſur
la iuriſdictió ſpirituelle du Fils de Dieu. Or pour
ce que ceſte tyrannie eſt mieux repreſentée au vif
par la dominatió du Pape,que par nulle autre,auſ
ſi ceſte menace s'adreſſe principalemét à ceſt Antechriſt Romain, que nous voyons auiourdhuy,

Le Pape qui
eſt à preſent.
voire en ſa derniere vieilleſſe tant desbordé,qu'il
met tout le monde en trouble & en guerre. Lequel apres qu'il a monſtré ſes eſcailles ſur le dos,
& fait peur de ſes pattes,pieds,ongles & grifes,ne
peut faire qu'on ne voye ſon muſeau d'Aſne,&
qu'il ne deſcouure ſa poictrine, & forcelle de putain du tout effrótée. L'ingratitude des hommes
a bien merité de venir en ceſte brutalité:ils voyent vn ventre de putain deſcouuert, & neantmoins voila leur dieu propre, qu'ils craignent &
adorent, & auquel ils font hommage auec leurs

La figure du
monſtre ſecód.
Rois,Seigneurs & Empereurs. Or d'autant que
le principal ſouſtenement de ceſte paillarde en-
yurant & enſorcelant,ce ſont les Moynes, bien a
propos eſt venu ceſt autre monſtre en figure de
Moyne-Veau enfroqué, qui veut iouer ſon roule
auſsi bien que Laſne-Pape: donnát à cognoiſtre

à

à tous, quelle fainéteté a principalement esblouy
les yeux du monde: à fauoir la faincteté d'vn froc *La fainéteté du froc.*
& habit defguifé. Si tout ce que le froc touche, eft
fainct, pourquoy ne fera aufsi ce veau enfroqué
autât que le plus venerable moyne qui ait iamais
efté au monde? & fi pour arracher le froc, le veau
ne demeure plus que veau, que demeurera-il de
refte au moyne, quand le froc luy fera ofté, finon
que ce foit vn moyne pour tout potage? Mais voi
la que c'eft, tant que le diable fera prince du mon
de, le monde aura toufiours les yeux bendez. Or *Le monde a les yeux bédez.*
quant à nous, qui craignons tels aduertiffemens
du Seigneur, confiderons diligemment fes œuures admirables, & preuenôs les effects de fes iugemens par vraye repentance.

A. iii.

DECLARATION

DE LA FIGVRE MONSTRVEVSE
de Lasne-Pape, qui fut trouué en la riuiere du Tibre à Rome,

L'AN CCCC. XCVI.

Par Philippes Melancthon.

Dieu en tout temps comme represente au vif par certains signes & d'vne façõ admirable, son ire ou sa misericorde : & principalement la continuation, les chãgemens, les accroissemens & ruines des royaumes & empires : comme on peut voir, Daniel huitieme : ou apres la quatrieme Monarchie, le royaume de l'Antechrist est aussi predit : afin que tous vrays fideles & Chrestiens fussent admonnestez de bonne heure, & se donnassent garde des tromperies & fallaces d'iceluy, & de ses idolatries & execrables blasphemes, & de tout son seruice diuin : lequel il a si bien fait valloir, & d'vne telle ruse, sous apparence & ombre de verité, qu'il y a danger que les esleus & fideles ne soyẽt deceus & enueloppez dedans ses erreurs, comme Iesus Christ dit, Matthieu vingtquatrieme.

Pourquoy Dieu produit des monstres.

Ainsi donc Dieu a monstré de grans merueilles & beaucoup de signes prodigieux durant ceste domination barbare & pernicieuse. Et nagueres il a proposé ceste figu-

Beaucoup de signes monstrueux sous le regne de l'Antechrist.

re horrible de ceſt Aſne-Pape , qui a eſté trouué mort à Rome au fleuue du Tibre, l'an M.CCCC. XCVI. Et en cela il depeint & repreſente ſi proprement, ſi ouuertement & clairement la forme du regne du Pape, qu'il ſemble que il n'y a induſtrie d'entendement humain, qui euſt peu forger ne pourtraire vne telle figure. parquoy il faut cõfeſſer que Dieu luy meſme a propoſé ceſte abominable Papauté ſous vne telle figure, pour la faire cantépler aux hõmes.

La Papauté repreſentée au vif.

Certainement ce n'eſt point vne figure qui ſoit pour figurer quelque grace : mais c'eſt vn teſmoignage d'vne ire terrible, par lequel Dieu denonce ſon indignation horrible à ceſte domination tyrannique du Pape, veu qu'il ne repreſente ſeulement vne figure impudente, vilaine & impudique, mais auſſi vne compoſition de membres prodigieuſe, deſmeſurée & confuſe.

La teſte de l'Aſne.

En premier lieu, la teſte de l'Aſne eſt vne deſcriptiõ du Pape. Car l'Egliſe eſt vn corps & regne ſpirituel, aſſemblé en eſprit. Et pourtant elle ne doit & ne peut auoir vn chef humain, ny vn ſeigneur viſible & externe: mais ſeulement le Seigneur Ieſus, qui forme les cœurs intérieuremẽt au ſainct Eſprit par foy, les entretient, renouuelle & gouuerne comme Seigneur & chef. A l'encõtre de ces choſes le Pape s'eſt conſtitué ſoy-meſme chef viſible & externe de l'Egliſe : & pour ceſte raiſon le Pape eſt ſignifié par la teſte ou le chef de ceſte Aſne, conioint auec vn corps humain. Car tout ainſi qu'il n'eſt nullement conuenable qu'vn corps humain ait vne teſte d'aſne : auſſi eſt-il du

L'Egliſe eſt vn corps & royaume ſpirituel.

tout

tout mal seāt que l'Euesque de Rome soit chef de l'Eglise.

Or les sainctes Escritures entendent par l'Asne la vie externe & charnelle,& les elemens ou rudimens du monde: comme au trezieme chapitre d'Exode. Et autant qu'il y a de difference entre le ceruau d'vn asne & la raison d'vn homme, autant y a-il de difference entre la doctrine & les ordonnances du Pape,& la doctrine & instruction du Fils de Dieu.Car au royaume du Pape il n'y a eu que tra ditions & ordōnances humaines qui ont eu l'autorité: par lesquelles il a dilaté ses limites,& s'est esleué en dignité:ce sont les racines sur lesquelles il est fondé. Mais aussi tost qu'il oiroit resonner la parole de Iesus Christ, & qu'il permettroit qu'elle fust preschée il seroit soudainement mis à neant. Et c'est la cause pourquoy de tout temps il craint si fort les Conciles.

Que signifie l'Asne en la s. Escriture.

Mais encore, qu'il ne soit point conferé à la parole de Dieu & aux sainctes Escritures,ains seulement à l'equi té naturelle & à la lumiere de la raison humaine: on trou uera que son ceruau est le ceruau d'vn asne. Ce que les Legistes mesmes tesmoignent, mettās ce propos en auant, qu'vn pur Canoniste est vn pur asne ou vne pure beste. Leurs liures conferment cela si bien & si clairement, que celuy qui les cognoitra vn ne demandera point, qui est celuy qu'on appele Asne.Or Canoniste est celuy qui a e-studié en decret,ou en droict Canon, disciple du Pape,ay-ant le Pape pour precepteur.

Vn Canoniste est vn pur Asne.

Secondement la main dextre semblable au pied d'vn

La main dex-tre.

B.

Elephant, signifie le gouuernement spirituel du Pape, par lequel il estonne & fait trembler toutes les consciences craintiues & infirmes. Et de faict, il blesse & tue vn nombre infini d'ames par tant de decretz & ordonnances intollerables qu'il fait : par lesquelles il charge, tormente & accable les poures consciences, de pechez & angoisses terribles, sans aucunne necessité ny occasion. Comme l'Elephant, qui est vne beste fort ample & merueilleuse à regarder, foule, froisse & brise tout ce qu'elle peut empoigner.

Le royaume spirituel du Pape.

Car qu'est-ce du royaume spirituel du Pape, sinon qu'vne boucherie cruelle des consciences? Laquelle tormente, gehêne, embrouille, naure & abbat les esprits d'vne façon tyrannique, contre la parole de Dieu, contreignant les hômes à se côfesser : induisant à faire des vœux, ou de poureté, ou de chasteté, & autres : introduisant des Messes pleines d'impietez, & fausses penitences · faisant des alliances, & les rompant : permettant & defendant puis apres, prostituant ses indulgences & bulles : & finalement destournant les ames de la vraye foy & vie Chrestienne, pour les amener à vne vaine & friuole simulation d'œuures externes, & à vn faux semblant de saincteté. Selon ce qui est dit en Daniel, cha. huitiemc, Il mettra à mort le peuple des Saincts. Et en la secôde epistre à Timo. chap. quatrieme, Ayãs les oreilles chatouilleuses, ils s'assembleront des maistres selon leur desirs, & aussi destourneront l'ouye de la verité, & se conuertiront à fables.

Car

Car la main dextre denote le ministere interieur, ppre aux consciences & aux ames : ou il falloit que le Fils de Dieu nostre Seigneur Iesus Christ regnast d'vne faço douce & gracieuse. Ce gentil bien-facteur exerce icy vne domination pernicieuse, iniuste, cruelle & outrecuidée.

Tiercement, la main senestre, qui est vne main d'vn homme, signifie la puissance ciuile du Pape. Le Fils de Dieu a defendu manifestemēt ceste puissance ou domination aux prelats de l'Eglise, Luc vingtdeuxieme, disant, Les Rois des peuples seigneuriēt sur iceux, & ceux qui ont autorité sōt appelez biē-faiteurs : mais il n'est pas ainsi de vo°. Toutesfois le Pape par tāt de finesses, tröperies, machinations, astuces, enchantemēs, fallaces, est moté à vne si haute puissance à l'instigation du diable, que sa iurisdictiō ciuile n'est pas moindre que du plus puissant Roy qu'on sauroit trouuer. Mais il y a biē plus, qu'il gouuerne & a sous ses pieds tous les royaumes & empires humains, comme souuerain seigneur des Rois & Princes, lesquels il a adioints à soy pour amplifier, orner, conseruer, & maintenir sa puissance & autorité barbare & cruelle. Et c'est afin que la prophetie du huitieme chapitre de Daniel fust accomplie, disant, Sa force sera corroborée : mais ce ne sera point en ses forces.

Finalement, il est monte en vn si grand degré, enflé d'vn tel orgueil, braue d'vne telle pöpe & magnificēce, q̃ iamais on n'ouit parler d'vne chose sēblable. Il n'y eut iamais Roy ou Empereur qui ait fait & mené tant de guerres, &

La main gauche, humaine.

Tous royaumes & empires sous les pieds du Pape

qui ait espandu tant de sang humain . Et au lieu qu'il deuoit auoir esgard à la dignité de la parole de Dieu , maintenir & conseruer les commoditez & biens de l'Eglise,
selon que sa vocation & son office le requeroyent , appe-
tant les principautez & hautes dominations du monde,
il a appris à faire fort braues & magnifiques appareils,
& à enflámer les guerres. Et s'occupant à toutes ces belles choses, il foule aux pieds la doctrine, il laisse l'Eglise,
il souffre que toutes choses sainctes soyết mises en proye,
que les profanes soyent pillées , que tout soit embrouillé
& renuersé dessus dessous.

<p>Parquoy voila que signifie ceste main d'homme: car ce
royaume a esté establi seulement par prudences , opinions
& conseils des hommes, sans autorité des sainctes Escritu
res: quand ils disent , que c'est vne chose bien raisonnable,
que l'heritier du siege Apostolique, & le vicaire de Iesus
Christ, ne soit subiet à personne. Mais graces à nostre bon
Dieu, la chose est venue iusques à ce poinct, que plusieurs
du commun populaire , & autres aussi de tous estats, entendent assez clairement les belles ouuertures de tant de
forfaits execrables, desquelles toute ceste vermine Papa
le s'est honnie soymesme & a diffamé la renommée des
Chrestiens.

Le royaume Papal establi par prudence humaine.

<p>Quartemết le pied droit semblable à vn pied de bœuf,
signifie les ministres du gouuernement spirituel, & par
maniere de dire, les portefaix , lesquels en opprimant les
poures ames, portết & soustiennent le royaume du Pape.

Le pied droit

Ce

Ce sont les docteurs en Decret, les Bullistes, Dataires, Prescheurs de pardons, Curez, Confesseurs, tãt de Moynes & Nonnains : & les principaux d'entre toute ceste vermine, ce sont les Theologiens Scholastiques.

Ceux qui soustiennent le royaume du Pape.

Car que fait toute ceste ordure detestable ; sinon de mettre au cerueau & imprimer dedans le cœur du peuple ces ordonnances du Pape, qui sont si difficiles & insupportables? & les proposer en tous leurs sermons, en toute leur doctrine, en leurs confessions : afin que par ce moyen ils detiennent les poures consciences captiues sous le pied de l'Elephant, lesquelles n'estoyent desia que trop affligées & faschées? Toutes ces racailles sont, comme le pied, le fondement & soubassement du royaume du Pape, lequel n'eust peu si longuement subsister sans l'edificatiõ & bastiment que ceux-cy ont construit dessus.

Ie vous prie, que contient la Theologie Scholastique, que des resueries tresuaines, controuuées, execrables & diaboliques, & des songes monstrueux de Moynes, par lesquels ils enforcelent, foulent aux pieds, mettent bas, & precipitent les poures ames troublées. Matthieu vingt-quatrieme, *Faux christs & faux prophetes se leueront,* &c. Ceux-cy ont fait le Pape vn dieu terrien, voire l'ont esleué beaucoup par dessus Dieu : & ce pendant ces orgueilleux ont reietté la parole de Dieu, les sainctes Escritures, & ont chassé hors & enseuely Iesus Christ. Car vne simple bulle du Pape estoit plus terrible & redoutée que Dieu foudroyant par cõmandemens & menaces.

La Theologie scholastique.

Le pied gau-
che, d'vn Gry
phon.

Pour le cinquieme, le pied gauche semblable à vn pied
de Gryphon, signifie les ministres de la puissance ciuile ou
seculiere: à sauoir les Canonistes, les Copistes & la racail-
le faisante profession du droict Canon, qui de leur bon
gré mesme confessent que les tressaincts Canons ou Decrets sentent leur auarice & ambition. Car tout ainsi que
il n'y a rien à quoy les Gryphons ne s'attachent de leurs
ongles, & ne laissent aller facilement ce qu'ils ont vne
fois empoigné: aussi ces suppests & escornifleurs du Pape
empoignent tout ce qu'ils rencontrent, & ne laissent pas
facilemēt la proye: & comme par les hains des Canons ils
ont attrapé presque tous les biens de toute l'Europe : &
les tiennent si serrez, qu'on ne les pourroit arracher d'entre leurs griffes . Car les Canons mesmes seruent à leur
auarice insatiable. Ceste Harpye mortelle a englouty tout
le monde: elle a osté tous les biens: elle a endommagé les e-
sprits & les corps: elle a rauy à soy tous les honneurs.

Le ventre &
l'estomach, de
vne femme.

Sixiemement, le ventre & l'estomach, lesquels ressem-
blent au ventre & à l'estomach d'vne femme, signifient le
corps du Pape: à sauoir, les Cardinaux, Archeuesq̃s, Euesʃ
ques, Abbez, moines & prestrailles, & autres martyrs
spirituels execrables, & tout le reste de ses maquereaux.
& porceaux bien engressez, qui n'ont nul soucy en toute
leur vie, que de farcir leurs pances de vins delicieux &
viandes friandes : de cercher leurs aises & tous allechemens de paillardise, & s'entretenir en toutes voluptez &
eisiuetez, & s'addonner à toutes infametez monstrueuses

ſes. Ce qu'ils peuuent bien faire & en toute licence: car ils ont de beaux priuileges, deſquels ils ſont armez & bien munis pour eſtre exemptez de toute punition. Comme on voit icy ceſt Aſne-Pape, qui monſtre deuant les yeux de tous, & ſans honte ne vergongne ſon ventre de fem- me, nud & deſcouuert: auſſi ceux-cy, ſans aucune hon- te, menent vne vie diſſolue, pleine de toutes ordures & meſchancetez, & du tout desbordée. Ce qu'ils ſont au ſcandale horrible & à la ruine de la ieuneſſe & de toutes nations, cōme le faiƈt le demonſtre aſſez. Il y a vne manife ſte deſcription de cecy en Daniel, & en la ſeconde epiſtre à Timothée, chapitre troiſiéme, ou il eſt dit, qu'ils aiment plus la volupté que Dieu. Et aux Philippiens chap. troi- ſiéme, Ils ſont leur dieu de leur propre ventre.

Que c'eſt de monſtrer vôtre deſcouuert.

Oyōs auſſi ce qui eſt dit en la ſecōde epiſtre de S. Pierre chap. ſecond, Principalement ceux qui ſuyuans la chair che minent en concupiſcence ſouillée, & meſpriſent la ſeigneu rie: preſomptueux & opiniaſtres, qui ne craignent nulle- ment de blaſmer les ſuperioritez: au lieu que les Anges, qui ont plus de force & puiſſance, ſont toutesfois diffi- culté d'aſſoir iugement d'outrage contre icelle deuant le Seigneur. Mais ceux-cy, meſdiſans des choſes qu'ils ne entendent point, periront en leur perdition comme be- ſtes ſans raiſon, leſquelles naturellement ſont faites pour proye & deſtruƈtion: & receuront le guerdon de leur iniuſtice. Ils reputent à volupté, de pouuoir iouir des delices chacun iour. Ce ſont toutes ordures & taches:

Deſcription du clergé Pa- pal ſelon S. Pierre.

ils font grand' chere en leurs erreurs, banquetans enfemble auec vous. Ils ont auſsi les yeux pleins d'adultere, ꝯ ne ſauent mettre fin à leurs offenſes, amorſans les ames inconſtātes, ayans le cœur duit à rapines, enfans de malediction, ſuyuans la voye de Balaam fils de Boſor, qui aima le ſalaire inique, ꝯ fut repris de ſa forcenerie. Vne beſte muette ſur laquelle il eſtoit monté, parlante comme vn hōme, reprima la phreneſie de ce Prophete. Ce ſont des fontaines ſans eau, ꝯ nuées demenées par tourbillons de vents, auſquels l'obſcurité des tenebres eſt reſeruée à tout iamais. Car ayans caquetté par fort arrogantes paroles de vanité, ils amorſent par cōcupiſcences de la chair à diſſolutions les autres, qui auoyent vrayement euité ceux qui cōuerſent en erreur, leur promettans liberté, ꝯ ce pendant eux meſmes ſont ſerfs de corruption.

La viue peinture du royaume du Pape. Et certes cecy eſt repreſenter au vif le Pape, ꝯ luy bailler ſes vrayes couleurs, ꝯ deſcouurir à plein le vêtre feminin de l'Aſne-Pape. Voila comment il falloit figurer l'ord ꝯ villain celibat des preſtres ꝯ moynes Papiſtiques, qui ont deffiguré le ſainct mariage par ordures execrables. Car à la verité la ſaincteté ꝯ honneſteté du mariage ne peut eſtre nullement repreſentée par vne telle image impudique ꝯ deshontée. Mais pluſtoſt il eſt paré de la parole ꝯ de la benediction de Dieu, ꝯ par grandes merueilles, ꝯ comme orné d'vn bel accouſtrement, ꝯ colloqué en vn lieu haut ꝯ eminent.

Bien eſt vray, qu'il y en a d'autres auſsi qui offenſent, ꝯ

& se polluent d'vne turpitude manifeste, comme on peut dire cecy des Payens & des Turcs : & comme il y a plusieurs gens profanes entre les Chrestiens, adulteres, paillars, putains & louues infames . Tant y a toutesfois que ceux-cy ne font rien que ce ne soit au grand preiudice de leur renommée, & en danger de perdre tout honneur: comme ils ne sont iamais sans crainte, soit qu'on les traine au gibbet, soit qu'on parle mal d'eux, ou que tous se moquent d'eux, leur tirans la langue, ou qu'ils soyent deschirez par outrages . Mais ces meschans vilains, effeminez, impudens, ventres pleins de toutes ordures, se couuriront du nom de Christ, & se laschent la bride à toutes rages, & impietez, & se donnent toute licence sans craindre aucune punition, sans se soucier d'estre repris ou mostrez au doigt: & non seulement cela, mais aussi auec toutes ces vilaines detestables ils veulent estre appelez spirituels, les saincts Peres, & l'Eglise catholique. Encore ne se contentans de cela, ils taschent à poursuyure, chastier & cracher en la face des autres, à cause du festu qu'ils verrot en leurs yeux, & du moucheron qu'ils leur verront aualler : & ce pendant ils ne veulet pas qu'on reprenne ne redargue la grosse poutre qui est en leur œil, ne le chameau qu'ils ont aualé: mais au contraire, que leurs taches tant apparentes soyent cachées, palliées, voire parées & ornées du titre de Christ & de l'Eglise.

Ainsi à la verité, il n'y a ne sacrilege, ne meurtrier, brigand, ne paillarde, qui abuse de la maiesté du nom du Fils

Le Pape & les siens sont sans honte.

Le clergé Papal ne veut estre redargué

C.

de Dieu & de l'Eglise, pour couurir son ordure & turpitude execrable, fors que ce ventre putier de l'Antechrist.
Et pourtant les meurtres, les brigandages, les paillardises monstrueuses, les forfaits horribles de ceste idole de Rome surmontent de beaucoup les meschancetez, les inhuma-
nitez & forceneries de Neron.

Les escailles
de poissons.

　　Pour le septieme, les escailles de poissons, desquelles les
bras, les pieds & le col de cest Asne-Pape sont couuers, &
non point le ventre ne la forcelle, denotent les Princes &
seigneurs seculiers. Car la mer est bien souuent prise en
l'Escriture pour le monde, & les poissons signifiet les hommes mondains: comme Iesus Christ luy-mesme interprete
le rets de sainct Pierre, Matth. quatrieme, quand il dit, Ie
vous feray pescheurs des hommes.

Que signifient
les escailles en
l'Escriture.

　　Or les escailles signifient embrassement ou attache-
ment, côme le Seigneur dit au quarante & vnieme chap. de
Iob, Son corps est comme des escussons de fonte, couuert
d'escailles qui s'entretouchent, & le vent mesme n'entre
point parmy. Ainsi les Princes & autres grans seigneurs

Les Princes
adherent tous-
iours au Pape

du monde ont tousiours adheré, & sont encores auiourdhuy attachez au Pape & à son regne babare & tyrannique. Vray est qu'ils ne peuuent approuuer ne couurir, ne louer, ne pallier, ses yurongneries, gourmandi-
ses, ses dissolutions, ses horribles paillardises, ses voluptez
illicites: car on ne peut en cest endroict apperceuoir aucunnes escailles qui couurent son estomach & son ventre. Tant y a toutesfois qu'en dissimulant, qu'en fer-
　　　　　　　　　　　　　　　　　　　　　　　mant

mant les yeux, & souffrant ce qu'ils voyent, ils sont tant
plus fermement attachez au col, au iambes, aux pieds &
bras : c'est à dire, ils embrassent, ils defendent & maintiennent sa grandeur & magnificence, & son estat barbare & tyrannique, comme vn estat legitime & ordon-
né par la parole de Dieu. Et cela le fait monter haut, &
leuer la creste orgueilleusement & auec vne obstination
arrogante. Ioint qu'ils conferment son gouuernement spirituel & politique par decrets & ordonnances insupportables : ils l'ornent & parent de beaux Canons, & esta-
blissent ses pompes & facultez royales par doctrines e-
stranges.

Outre plus, afin que le fond & fondement de ce re- *L'Antechrist*
trait de l'Antechrist soit plus ferme & de plus longue *affermy par*
durée, ils font des laiz testamentaires, ils fondent des re- *les dons & fon-*
uenus, ils constituent des monasteres, ils font bastir des *Princes.*
temples, ils ordonnent des conuents & colleges de gens
non mariez, comme des marchez & foires publiques de
telle maniere de Canonistes, Theologastres, Sophistes,
belistres Mendians, prescheurs à louage, confesseurs &
Docteurs : & comme des exercices publiques, & theatres,
esquels on n'oit resonner que des corrompemens de la doctrine celeste. Et pour dire en vn mot, les grans biens, les
richesses & faueurs du mõde sont si bien & si fermement
attachées à luy, qu'il n'y a ne vent ne souffle, il n'y a doctri
ne spirituelle, il n'y a parole de Dieu, qui l'en puissent se-
parer ou arracher.

C.   ii.

La teste du
vieillard issu
d s cuisses.

Pour le huitieme, la teste du vieillard sortant des fesses, signifie la defaillance, la vieillesse & la fin du royaume du Pape. Car la partie de deuant, ou la face, és sainctes
Escritures signifie la naissance ou l'auancement: & la partie de derriere, ou le dos, ou les fesses, signifient la declinai-
son & la fin: comme il y a vne telle façon de parler au huitieme chapitre de l'Epistre aux Hebrieux, Ce qui enuieil-
list, est prochain de sa fin . Ceste figure donc monstre, que la
tyrannie barbare du Pape est maintenant venue iusques à
son but & sa derniere fin, & que de soy-mesme elle doit
vieillir & venir à neant sans glaiue quelconque ou violence externe, comme il est predit au chapitre huitieme de Da
niel, Il sera brisé sas main. Car il y a eu vn si grãd accroisse-
ment de superstitions, & vn tel fardeau de vices, qu'il faut
necessairement que sa propre pesanteur la face tõber bas:
& que les gemissemens, les cõpleintes & souspirs de toutes gents & nations soyent exaucez: puis que la parole &
la verité de Dieu a descouuert & reuelé deuant les yeux
de tous son impieté, malice & cruauté. Ainsi la gloire de ce
monde se passe, & le ieu s'approche de sa fin. En ceste sorte
donc nous voyons que ceste image ou figure conuient proprement auec toute la prophetie du huitieme de Daniel:
& que l'vne & l'autre sont fort accordantes au royaume
Papistique.

Le Dragon
sortant du cul
de l'Asne.

Pour le neufieme, le Dragon sortant du cul de cest Asne-Pape, & iettant de sa gueule ouuerte vne grãde flamme, signifie les bulles horribles & les terribles foudres des
excom-

excommunications piquantes, & les menaces tempestueu-
ses, que les Papes & ses supposts desgorgent furieuse-
ment sur tout le monde, quand ils voyent leur fin prochaine, & qu'il faut qu'ils perissent bien tost. Car c'est-cy la
derniere & la plus furieuse rage & forcenerie de l'Antechrist: c'est son dernier effort, voire si d'auenture ces escornifleurs peuuët garder en son entier ceste abomination par
estonnemens & foudres de bulles : & puis apres par les
mensonges, outrages, maudissons, execrations, iniures piquantes & brocards amers de ses beaux rhetoriciens, comme Eccius, Faber, Emserus, wicelius & autres semblables.
Tant y a que le temps est venu, auquel on n'a plus besoin
de tel aide ne de tels defenseurs. Car que gaignera le Dragon à mordre les nues? Que gaignera-il à brusler l'air de
ses flammes? Et certes il n'y a plus personne qui craigne ces
bulles enuenimées & pleines de maudissons & execrations: puis que la lumiere de verité est si clairemët allumée.

Pour le dixieme, ce que ce Pape-Asne a esté trouué à
Rome, & non point ailleurs, conferme ce qui a esté reci-
té cy dessus, que cela ne peut estre entendu d'autre puissance & domination que de Rome. Or auiourdhuy de nostre temps il n'y a nulle puissance qui soit pareille ou plus
grande en la ville de Rome, que celle du Pape. Car Dieu
a tousiours monstré des signes merueilleux és lieux, ausquels ces signes signifioyent quelque chose, comme il est
aduenu en Hierusalem. Et quant à ce que ce monstre a e-
sté trouué mort, cela est vn argumët que la fin du royaume

C.   iii.

La derniere
temp. file de
l'Antechrist
Romain.

Rhetoriciens
du Pape.

Rome le lieu
ou l'Asne Pa-
pe a esté trou-
ué.

Papistique approche: & ne faudra ne glaiue ny aucunnes forces humaines pour le mettre bas: mais la vertu Diuine fera que de soy-mesme il sera renuersé. Car ce monstre prodigieux n'a point esté occy par quelque conseil ou moyen des hommes: mais on l'a trouué mort, & a esté reuelé par prouidence singuliere de Dieu.

Il ne faut mespriser les signes prodigieux.

Finalement, ie veux bien admonnester vn chacun de ne mespriser vn tel signe prodigieux de la maiesté de Dieu, & de se donner garde de la contagion pestilenticuse de l'Antechrist & de ses membres, & de la fuir & auoir en horreur. Car quant au regard de Dieu, il est bien certain qu'il a vsé enuers nous d'vne fort grande benignité, de ce qu'il nous a proposé l'Antechrist en vne figure si vilaine & difforme, comme peint en vn tableau & representé au vif, ã mesme on pourroit empoigner facilement des mains, que Dieu veut pouruoir à bon escient à nostre salut, & desire que soyons tirez hors de ce retrait detestable de l'impieté mortelle de ceste beste estrange.

Le Pape & les siens contemnent tous signes & miracles.

Or quant aux Papistes, selon que leur phrenesie bouillante & impetuosité forcenée le merite bien, il ne faut point qu'ils pensent à cecy, ou qu'ils en soyent faschez: comme de fait il n'y a ne signes ne mirades offerts de la main de Dieu, qui les puisse esmouuoir ou estonner, ou seruir de aduertissement. Mais comme Geans sans crainte, ils combatent contre les foudres & tonnerres: & ensuyuent leurs peres, Pharaon & Koré: desquels l'vn a esté finalement englouty des flots de la mer, & l'autre absorbé de la terre:

re: & tous deux ont esté plongez iusques aux abysmes
des enfers. Mais de nous, esiouissons-nous, & prenons
consolation, & mettons ce signe au nombre de ceux qui
nous denoncent ce iour tant desiré, tant salutaire, tant
beau, de l'aduenement de nostre Seigneur & Redempteur
Iesus Christ. Ce pendant laissons faire nos ennemis ce
qu'ils voudront, & regimber obstinément contre l'aiguil-
lon: & contemplons si les troubles & fascheries qu'ils a-
massent de plus en plus, serõt pour molester Dieu ou eux-
mesmes. Toutesfois ie ne me courrouce pas fort contre
eux, veu qu'ils sont si desesperément enragez, & qu'ils
brouillent ainsi le ciel auec la terre. O bon Dieu!si i'estoye
ainsi peint de la main de Dieu, d'vne figure si odieuse &
terrible, ie ne le pourroye nullement porter. Car ou ie
mourroye de peur, ou encore que i'eusse vn cœur de fer ou
d'acier, côme ceux-cy ont, si est-ce que ie creueroye de despit, de colere & de rage.

Qui est celuy donc qui tascheroit, ou par conseil, ou par
commandement, impetrer d'eux, qu'ils pardonnassent au
Seigneur Iesus vne telle contumelie & outrage qui leur
est faite par vne telle image & figure: veu qu'estans no-
tez d'vne seule lettre de la parole de Dieu, ils sont soudainement enflambez de courroux & de rage? d'autant
que le Seigneur les souffre s'esleuer contre luy, combien
qu'ils traitent sa parole d'vne façon si meschante & cruelle. Voire mesme qu'en la figure d'vn diable ils le pro-
posent l'vn à l'autre pour s'en rire & moquer: & tou-

Ce signe est de ceux qui denoncent le iour du Seigneur.

Il entēd l'idole execrable de l'hostie en la Messe.

tefois il ne s'en fasche point : luy faisant à croire que cela
est bõ à son eglise, & qu'ils le font par son cõmandement.

L'horreur de l'impieté Papistique.

Qui est-ce qui osera penser autre chose, ou leur contredire,
sinon qu'il veuille que toutes leurs furies, peines, execrations & tormens des enfers tombent sur luy? Car leur fu-
reur est irremissible, & n'est sans forces, d'autant qu'ils
sont des hauts dieux esleuez par dessus tous les dieux, selon ce que dit sainct Paul, & le Prophete Daniel.

L'approbation de
Martin Luther.

CEST Asne-Pape est de soy vne figure mõ-
strueuse, hideuse & horrible : & tant plus
qu'on iette les yeux dessus, tant plus appa-
roist-elle terrible. Mais voicy qui est le plus
terrible de tout, que Dieu luy-mesme a formé & reuelé
ce monstre, comme vne figure pleine d'espouantement.

Dieu a formé & reuelé l'Asne-Pape.

Car si quelque ouurier l'auoit pourtraite, ou peinte, ou
taillée, ou grauée, on s'en pourroit moquer & n'en faire
cas, & à bon droit. Mais pource que la sacrée maiesté Diuine l'a formée & faite, & qu'elle nous a proposé vne telle figure, il faut bien que tous hommes en tremblent, toutesfois & quantes que cela leur vient en l'entendement:
& qu'ils en soyent estonnez, comme d'vne chose de laquelle on peut facilement prendre coniecture des pensée ou
du conseil & volonté de Dieu.

Y

Y a-il homme au mōde qui ne fuſt eſperdu de frayeur, s'il voyoit vn eſprit maling, ou vn fantoſme, ou s'il oyoit quelque bruit ſoudain, ou quelque fremiſſement ou lamen tation des eſprits? Ce pendant touteffois on ne doit eſtimer cela que comme vn faux viſage ou vn ieu de petis enfans, au prix de ceſte image & figure prodigieuſe. En laquelle Dieu luy-meſme apparoiſt en forme terrible, mō- ſtrant vne ſeuerité implacable. Il faut neceſſairement dire, qu'il y a vne terrible indignation de Dieu embraſée contre ceſt idole d'Antechriſt, laquelle tout ce troupeau & racail- le du Pape irrite comme de propos deliberé, & d'vne ob- ſtination endurcie: & les commencemés ſe portent ſi bien, & toutes choſes conuiennent ſi proprement, qu'on n'en peut nullement douter.

Dieu ſe mon- ſtre irreconci- liable ſous la figure de l'Aſ ne Pape.

Car comme ainſi ſoit que Sodome euſt par ſi longue e- ſpace de temps, & par forfaits ſi execrables prouoqué l'i- re de Dieu: & comme la ruine eſtant bien prochaine, il ne reſtaſt qu'vn bien peu de loiſir pour ſe repentir: lors elle ſe proſtitua en toute licence à tous forfaits execrables, & ſe endurcit d'vne telle obſtination, qu'elle ſe moquoit aper- tement de Dieu, & s'eſleuoit contre luy d'vne fierté in- tolerable. Mais à grand' peine le ciel auoit-il donné clar- té le lendemain au matin: & voicy elle fut ſoudain englou tie & abyſmée. Il ne faut point douter, que toute ceſte ban- de du Pape ne file vn meſme cordeau. Ils ont iuſques à pre ſent laſché la bride à toutes ordures deteſtables: gens re- belles & totalement obſtinez contre Dieu: s'eſtans retirez

Le Pape & ſa ſequelle pro uoquent Dieu comme les So- domites.

D.

de la iufte obeiſſance des dominations humaines, comme ſi
ils eſtoyet freres germains d'Epicurus: ꝫ meſme ne croy-
ans point comme font les diables, leſquels tremblēt quand
ils oyent parler de Dieu, comme l'Eſcriture dit: ꝫ n'enten
dans rien des choſes Diuines, ꝫ ne ſe ſouciant non plus de
la vie biē-heureuſe ꝫ du ſalut eternel, que la plus groſſe
beſte d'Aſne qui fut iamais. Cōme de fait ils ont ceſte opinion de l'Euangile, que c'eſt vne fable: ꝫ iugent de la foy
Chreſtiēne, q̃ c'eſt vne fictiō poetique ſās grace ne ſaueur,
ſelō ceſte belle ſentence ꝫ oracle d'Epicurus, Tout n'eſt q̃
poudre, ꝫ moquerie, ꝫ tout n'eſt riē. Et ia ſoit qu'auāt le
temps de leur cheute ꝫ ruine ils ſoyent exhortez par tāt
de figures eſtranges ꝫ ſignes eſpouantables enuoyez de
Dieu, pour venir à repentāce: toutesfois ils en ſont plus ob
ſtinez ꝫ desbordez: en ſorte qu'ils amaſſent, qu'ils nour-
riſſent ꝫ augmētent de plus en plus vne orgueilleuſe nō
chalance, ꝫ des profanations arrogantes: tellement qu'à
grād peine peuuent-ils porter eux-meſmes leur outrecui-
dāce ꝫ leurs desbordemens. Et comme s'il n'y auoit point
d'ire celeſte, ne de maieſté au ciel pour briſer ꝫ diſſiper
leurs rages, ce pendant ſe moquent fierement de ces ſignes
eſpouuantables, comme ſi c'eſtoyent ombres deceuātes, ou
des ſonges volages.

Vne telle folle aſſeurance ꝫ nonchalance brutale eſt
vn argument euident de l'ire inenarrable du Seigneur laquelle ſurprendra ꝫ conſumera ces porceaux Epicu-
riens, ꝫ ces Aſnes ſtupides auant qu'ils y penſent. Alors
ſeu-

Seulement auec crainte & tremblement ils apprendront à
crier & plourer. mais aussi Dieu de son costé destournera
ses oreilles, comme il dit au premier des Prouerbes, Vous
auez reietté tout mon côseil, & auez mesprisé toutes mes
reprehensions:mais aussi iem'esiouiray en vostre ruine,&
me riray,quand ceq̃ vous craignez si fort,vo⁹ sera aduenu.

On peut bien cognoistre à la verité que sathan est vn
grand & puissant esprit,lequel tenant sous soy les entendemens des hommes comme esclaues, les fléchit, les maine
& pousse d'vne telle violence, que non seulemẽt ils se plon
gent dedens les vices (qui semble plustost estre vn œuure
d'vn petit diable apprenant son mestier) mais aussi font
guerre ouuerte à Dieu de leur propre seu & gré. Car il
faut penser, quelle est ceste tyrannie: combien ceste fu-
reur est desesperée,quand vn homme miserable estant con-
treint en sa conscience, peut metre hors ceste parole, &
confesser pour certain, C'est-cy la parole de Dieu,de laquelle ie ne doute point : mais combien que le Fils de Dieu
l'ait prononcée,les Apostres l'ayent preschée: toutesfois ie
fermeray les yeux,i'estopperay les oreilles pour la reiet-
ter, & y resisteray des pieds & des mains, & la perse-
cuteray & condamneray comme vne heresie pernicieuse.
& s'il y a quelcun ce pendant qui vueille rendre vne bonne obeissance à Dieu,croire à l'Euangile,& ne me veut ob
temperer ne côsentir auec moy:ie le tueray:ie le bãniray de
sô heritage paternel,ie ne le souffriray demeurer en lieuq̃l-
conque: & feray tout cela en despit de la parole de Dieu.

D. ii.

O bon Dieu! euſſe-ie iamais penſé de voir en toute ma
vie des pechez ſi enormes, vne rage ſi barbare, vne cruauté
ſi furieuſe és ennemis de l'Euangile, lors q̃ ie ne faiſoye en-
coresque mettre les premiers fondemens de ceſte cauſe? Et
toutesfois (helas!) ie voy ces choſes maintenant, eſtant con-
treint d'ouir que la parole de Dieu, la verité confeſſée ⁊
cognue, eſt appelée hereſie: ⁊ eſt bannie ⁊ chaſſée vilai-
nement, comme au deſſous des morts.

La parole de Dieu ⁊ ſa verité appelée hereſie par les Papiſtes.

Or c'eſt à bon droit que telles viperes ſont figurées ⁊
notées par la teſte du Dragon, qui ſort hors du cul de ceſt
Aſne-Pape, deſgorgeãt vn retrait plein d'ordures. Mais,
graces à Dieu, ⁊ le Dragon ⁊ l'Aſne-Pape ne ſont que
vne charongne, ⁊ ne reprendrõt iamais ne vie ne vigueur,
⁊ ne recouureront iamais leur dignité ⁊ tyrannie (ce
qu'ils ſe promettent toutesfois) quelque choſe que le diable regne en eux. Car il eſt dit au Symbole, Ie croy en Dieu
tout puiſſãt. Il eſt dit auſſi, que celuy qui demeure en nous,
eſt plus grand que celuy qui eſt au monde. Et bien que le
diable ait grande puiſſance, tant y a qu'il ne ſera iamais
tout puiſſant. C'eſt-cy vne reigle infaillible.

L'Aſne-Pape vne charõgne ſans vie.

SENSVIT

LE POVRTRAIT DE L'AV-
TRE: A SAVOIR, D'VN

Veau-Moine nay en ceſte façon en la ville de
Friberg au pays de Miſne, l'an M.D.XXVIII.

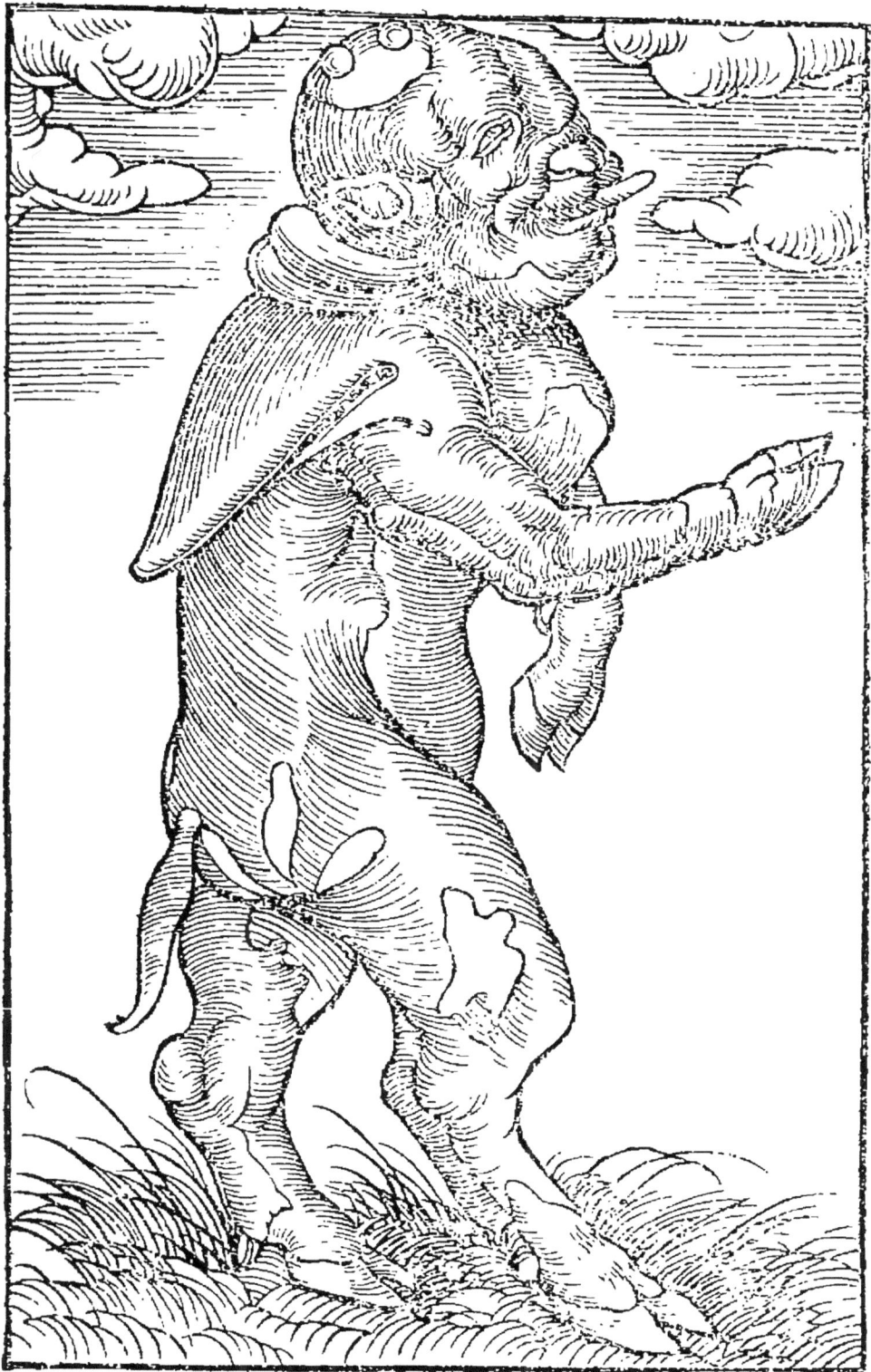

Interpretatiõ de Mar

TIN LVTHER DV MON-
ftre en figure de Veau-Moine, pourtrait en la
page precedente.

VANT à l'interpretation Prophetique
de ce Veau-Moine, ie la lerray à l'Efprit:
car ie ne fuis pas Prophete. Toutesfois on
peut bien affermer cecy en general de plufieurs telles merueilles, que Dieu les enuoye cõme prefa-
ges de trifles aduentures, d'efmotions, bruits, troubles, ef-
branflemens à venir. Et i'exhorte la Germanie de fe pro
mettre hardiment, & d'attendre pour certain de telles ve
nues. Mais de determiner les euenemens, & predire com
bien de temps ils dureront, ou en quel temps aduiendra la
deliurance, cela eft à faire à Prophetes.

De moy, ie defireroye volontiers que le dernier iour
fuft prochain: ce que ie pẽfe auſſi, que les iours ou nous fom
mes font comme auant-coureurs de ce iour bien-heureux,
lequel ne tardera gueres apres : & me femble bien que la
caufe que i'ay de l'efperer ainfi, n'eft pas friuole ne legere.
Et de fait, par cy deuant il y a eu prefque vne continuation
de quelques fiecles, aufquels on a toufiours veu des chofes
prodigieufes & dignes de grande admiration: & auiourdhuy tout le monde bruflant d'vne ardeur terrible, conçoit
des efmotions fort pernicieufes, lefquelles couftumierement

ne

ne s'appaisent point sans grans chãgemens & alienations
notables des royaumes. Ioint que la lumiere de l'Euangile
est maintenant resplendissante d'vne façon excellente, laquelle a accoustumé d'apporter ordinairemẽt auec soy des
mutations, troubles & orages, à cause de l'obstination endurcie, & des rages furieuses des meschans.

Et certes ie ne parleray que des choses qui sont bien cer
taines: & monstreray pourquoy Dieu a proposé vn tel signe en ce Veau-Moine, & pour quelle raisõ il a souillé l'ha
bit religieux d'vne si vilaine macule: veu que sans vn habit
de Moine il pouuoit se signifier & denoncer les maux à ve
nir aussi proprement par ãlque autre prodige. Ainsi donc
il n'y a pas fort long temps que par sa volonté, nasquit à
Langdsberg vn certain Chanoine-Veau, ou Moine-Veau.
Il declare bien par cela, que tous religieux & Moines doyuent auoir les yeux là fichez, & que luy á l'œil sur eux, &
qu'il a deliberé de les punir: car ceste année-cy il n'a voulu
vser d'autres miracles, que de ceux qui s'addressent à telles gens sacrez & spirituels.

Or depeignant iadis ce monarque excellent Alexan-
dre Roy des Macedoniens sous la figure d'vn Bouc, Daniel VIII, outre l'interpretation Prophetique de la descon-
fiture à venir: il a aussi voulu figurer ou representer la na
ture des Grecs, qui sont safres & lubriques cõme les Boucs.
Et tout ce qu'ils auoyent basty ou conceu en leur esprit,
tant haut & difficile fust, ils esperoyẽt en venir à bout, &
y paruenir par bons conseils, par grande viuacité d'esprit.

Semblablement en ceſte figure de ce Veau-Moine, outre la declaration Prophetique, il y a auſſi vne image ou figure de la vie, de la doctrine, des ſeruices & obſeruations
des Moines: & poſſible eſt qu'auec cela il y a vn aduertiſſement de la cauſe des calamitez bien prochaines. A ſauoir,

*Les ſuperſti-
tions des Moi-
nes font croi-
ſtre les puni-
tions Diuines*

que les ſuperſtitiõs, les fallaces & meſchancetez des Moines font croiſtre les punitions, d'autant que par la doctrine
Phariſaique des œuures, ils aboliſſẽt la foy qui eſt en noſtre
Seigneur Ieſus Chriſt, & transforment en chair de Veau
le cœur humain, qui deuoit eſtre le temple du ſainct Eſprit.
Auſſi, qu'vn autre tire le ſens Prophetique de moy, pour
faire plaiſir à mon ordre, i'ay entrepris d'interpreter mon
Moine-Veau: le Chanoine-Veau aura vn autre pour ſon
expoſiteur.

　　Or tant plus volontiers pren-ie la charge de faire ceſte
declaration, que ie voy bien que les courages obſtinez &
plus durs que rochiers de ceux qui ſeront taxez ou piquez
de ceſte mienne explication, en ſeront tant plus naurez, &
en deuiendront plus aigres. Comme de fait ils deſpriſent
arrogamment tout ce qui ſort de ma bouche, & babillent
par tout que toutes mes paroles ſont autant de crachats de
heretiques. Pour ceſte raiſon ils ne doyuent point auſſi

*Interpretation
faite pour en-
durcir dauan-
tage ceux qui
n'adiouſtent
foy aux aduer-
tiſſemens des
fideles.*

maintenant adiouſter foy à mes aduertiſſemẽs, mais s'en-
durcir & ſe rendre obſtinez de plus en plus, s'abeurter &
ſe tempeſter plus que iamais, à ce qu'ils ne paruiennent point
à la cognoiſſance de verité, & ne delaiſſent leur vie orde
& meſchante. comme il eſt dit en Iſaye chapitre ſixieme,
　　　　　　　　　　　　　　　　　　　　　Aucu-

Aueugle le cœur de ce peuple, appefanty fes oreilles, ferme fes yeux: afin que parauenture il ne voye de fes yeux,
et qu'il n'oye de fes oreilles, et entende de fon cœur, et
qu'il fe conuertiffe, et que ie le gueriffe.

Tout ainfi donc que Balaam n'a peu nullement obtem-   Papiftes en-
perer à la parole de Dieu, et combien qu'il fuft redargué durcis à l'ex-
                                                            emple de Ba-
par fon Aneffe parlante en voix humaine, neantmoins n'a   laam.
peu eftre amendé: auffi on peut dire le femblable de ces Pe
res venerables, qui ont iufques à prefent eftoupé leurs o-
reilles à la voix trefclaire de la verité Euãgelique. Maintenant ils fe doyuent contempler eux-mefmes en ce Veau
et en la vache, comme en vn miroir, et confiderer quels ils
font deuant Dieu, et quelle reputation et quelle voix ils
ont au ciel. et toutesfois ils doyuent fermer les yeux à ce
qu'ils ne voyent rien de tout cecy, dont ils puiffent auoir
quelque repentance, pour fuir ou euiter le iugement horrible de Dieu . Car il n'y auoit ne remonftrance, ne paro-   Endurcis a
le, ne figne qui peuft efmouuoir ou flechir l'endurciffe-   l'exemple de
ment de Pharaon.   Pharaon.

En premier lieu, afin que ie dife tout en vn mot, ne pen
fez point que ce foit vne moquerie ou quelque fable controuuée à plaifir, que Dieu a veftu vn Veau d'vn habit religieux, et d'vn capuchon de Moine. Il ne faut point douter qu'il n'ait voulu par vne telle image ou figure denoter
quelque affemblée, de laquelle on puiffe bien toft et clai
rement cognoiftre, que la moinerie n'eft rien qu'vne vaine   La moynerie
apparence et vn fard de pieté, et vne hypocrifie externe   eft vne vaine
                                                             apparence.

E.

d'vne vie ſaincte & approuuée de Dieu. Car iuſques à
preſent nous autres poures & miſerables hommes auons
eu ceſte opinion, que le S. Eſprit habitoit ſous le froc, &
que ceſt habit ne couuroit rien que l'Eſprit.

Mais Dieu reuele icy, qu'il n'y a rien ſous ceſt habit
qu'vn Veau. Comme s'il vouloit monſtrer qu'il y a vn ſer-
pent caché ſous l'herbe. Car le Veau d'or d'Aaron, fondu
au deſert, auquel le peuple d'Iſrael preſentoit des hõneurs
appartenans à Dieu, Exode chapitre trentetroiſieme, en-
ſeigne ouuertement ce que le Veau peut ſignifier. Il eſt dit
au Pſeau.cent ſixieme, Ils ont mué leur gloire en ſimilitude
d'vn Veau mangeãt l'herbe. Il eſt parlé auſſi des veaux de
Ioroboã, faits en Bethel & Dan, I. Rois chapitre douzie-
me, contre leſquels les Prophetes ont crié ſi aſprement.

Le Veau d'or d'Aaron.

En ceſte meſme façon qu'on iette vn peu les yeux ſur
ce Veau-Moine, comme ſon capuchon repreſente ici vne figure de tout l'ordre des Moines, auec tous leurs ſeruices
diuins & obſeruations, deſquelles ils font ſi grand cas:
comme de leurs pate-noſtres tant de fois repetées, de la
foire de leurs Meſſes, de leurs beaux chants & iuſnes, &
autres choſes ſemblables. Mais à qui eſt preſenté tout ce
beau ſeruice? qui en eſt hõnoré? de qui depend-il? à qui eſt-
il attaché? Au Veau. Car le Veau eſt veſtu & paré du
froc, comme on le voit icy. Et queſt-ce que de ce Veau?
C'eſt vne idole forgée & controuuée, reſidente en leurs
eſprits pleins de fallaces. Comme eſt-ce que ces choſes ſe
font? Elles ſe font ainſi, Ces venerables ont vne perſua-
ſion

Le Veau eſt l'idole forgée aux eſprits des Moines.

sion ou vne opinion imprimée en leur entendement, qu'en
leur religion monachale & solitaire ils seruent & rendent
obeissance au seul vray Dieu, laquelle religion ils ont con-
stituée en ceremonies & obseruations de quelques œuures
externes, pour lesquelles ils pensent qu'ils ont bien merité
le ciel: & non point en la certitude & fiance qui embrasse
le benefice de Iesus Christ.

La religion
des Moines ba
stie sur cere-
monies & œu
ures externes.

Or est-il ainsi qu'il n'y a aucun Dieu, soit au ciel ou en
la terre, qui veuille estre ainsi serui & adoré, sinon le diable & les idoles. Car nul ne peut seruir ny obeir au vray
Dieu, sinon en esprit & verité, Iean quatrieme: c'est à dire, en foy & vrais & spirituels mouuemens de l'esprit, les
quels le S. Esprit crée, suscite & viuifie en nous, Esa. chapi
tre LV. Parquoy ces faux religieux ne peuuent offrir à
nul leurs seruices, lesquels ils couurent du nom de Dieu ce
pendant se destournans de toutes les ordonnances & ma-
nifestations Diuines, & ne les peuuent rapporter ny adres
ser, sinon en applaudissant & flattant leur vaine imagi-
tion, laquelle ils ont forgée en leur cerueau, songeant que
tels seruices & obseruations sont agreables à Dieu. Vne
telle folle imagination n'est que mensonge & vne idole for
gée en leurs cœurs, ny plus ny moins que les Payens ou les
Iuifs se forgeoyent des dieux estranges. Voici, c'est-ci le
Veau: c'est-ci l'impieté: c'est-ci la charnelle opiniõ couuerte
d'habit religieux: c'est ci l'idole à laquelle ils sont attachez,
laquelle ils embrassent & ornent de la beauté des ceremonies & contenances, & d'vne forme notable de paremens.

Le seruice des
Moines ne
peut profiter à
nul.

Or le Veau ne vit que d'herbes . car tels hypocrites
n'ont nulle cognoissance des biens eternels, ains s'engraif-
ſent des delices de la vie preſente: comme on void manife-
ſtement que les puiſſances les plus floriſſantes, les plus am-
ples richeſſes, les plus grandes voluptez, & les plus hautes dignitez & honneurs ſont pardeuers les gens d'egliſe, comme on les appelle. & ainſi ces veaux ont trouué des
herbes ſelon leur gouſt. Et ceci leur eſt aduenu, qu'ils ont
changé leur gloire en vne ſimilitude de veau mangeant le
foin. Car Chriſt eſt noſtre vraye gloire , en qui il nous fau-
droit triompher, glorifier & reſiouir . ceux-ci au rebours
cerchent vne autre gloire en leurs cœurs, & ſe vantent or-
gueilleuſemēt de la confiance de leurs merites & œuures.
Vn tel veau eſt ſuccedé au lieu de Ieſus Chriſt: & en vſur-
pant le nom d'iceluy, il le blaſpheme & deshonnore.

Secondement , l'habit monachal deſchiré par taillades
à l'entour des cuiſſes, & és pieds & au ventre, ſignifie que
en ceſte religion ſolitaire & en ces ceremonies & obſeruca-
tions pleines de fallaces , il n'y a rien d'accord, ou qui s'en-
tretienne, ou qui ſoit entier: & toutesfois la ſainɛte Eſcriture requiert ceci ſingulierement & auant toutes choſes,
que les Chreſtiens & fideles ſoyent bien vnis . Comme il
eſt dit au Pſeaume cēt treizieme, O que c'eſt choſe bōne &
bien delectable, que les freres ſoyent de bon accord habitās
enſemble ! Mais ces eſprits frenetiques, ſuperſtitieux &
irreligieux ont bien ſeu forger & controuuer autant de
differences de ſectes & opinions , qu'il y a eu de diuers
veſtemens

vestemens & habits entre eux. Les Cordeliers magni-
fient leur ordre: les Iacopins maintiennent leur reigle: les
Benedictins ne veulent nullement perdre leur honneur:les
Augustins tirent du costé droict,les Chartreux du gauche:
les Celestins tiennent leur reng: brief, il n'y en a pas vn à
qui son froc ne semble estre beau. Ainsi voyons-nous que
le froc est deschiré par bribes à l'endroict des cuisses & és
pieds de ce Veau: combien que tous soyent d'vne mesme
volonté & s'accordent bien,entant que touche l'accoustre-
ment & parement du Veau: c'est à dire,combien que tous
nourrissent ceste opinion obstinée en leurs cœurs: à sauoir,
qu'ils doutent ou se desient de la misericorde de Dieu: &
au contraire s'appuyent sur la fiance & asseurance charnelle de leurs œuures,selon leurs obseruations.

Le froc diuisé en plusieurs sectes.

On cognoistra ceci encore plus clairement, si on entend
la fin & extremité par les cuisses, & si on veut des pieds
en faire des porte-faix, desquels ce Veau, c'est à dire ceste fausse masque,est soustenue.Car iamais il n'y eut tāt de
sectes,tant de familles, tant de differences, tant de noms,
tant d'ordres,ou plustost desordres introduits, qu'on en a
veu de nostre temps, quand la fin en est prochaine, &
que ceste bosse doit creuer:puis que la vanité & les fallaces
sont descouuertes,aussi verrons-nous tomber bas toute ceste infection.

Les cuisses signifient l'extremité.

Les pieds donc signifient ces hardis freres &autres,
ces Sophistes, & nos maistres venerables qui ont préemi-
nence par dessus les autres:& qui sont les plus audacieux

Que signifiēt les pieds de ce Veau.

E.　iii.

& les plus sauans cloistriers, lesquels sauent bien conseruer, amplifier & establir la dignité & grande autorité de
ceste religion monachale, ou par escrits, ou par predica-
tions, ou par lectures, ou par disputations, ou par doctrine: & employent toutes leurs forces à cela, & l'impriment
dedens les cœurs de leurs gens par tous les lieux du monde. Quelque chose qu'il y ait, si est-ce qu'ils discordent entre eux: & autant qu'il y a de testes entre eux, autant y
a-il de diuerses opinions.

Les moines discordans en opinions.

Tiercement, ce Veau represente de tous costez les ge-
stes & contenances d'vn prescheur. Car il est leué & se
tiét sur ses pieds de derriere: & des deux pieds de deuát il
iette le droit à la façon d'vn prescheur, & retire le gauche:
il a la teste leuée: il tire la langue hors: il n'y a rien en luy
qui ne represente ces grans criars en chaire.

Le Veau contrefait le Moine preschant.

Tout ainsi donc que l'Asne-Pape a esté vne image &
figure du royaume Papistique, aussi ce Veau-Moine represente au vif les apostres & disciples du Pape, en sorte que
tout le monde voit bien quels docteurs ou prescheurs il a
ouy iusques à present, & quels il oyt encores auiourdhuy.
Car pourroit-on trouuer vn apostre plus propre pour le
ccrueau d'vn Asne, que la teste d'vn Veau? C'est vn cou-
uercle propre pour le pot. Le gouuernement charnel por-
te par tout vne doctrine charnelle. Et pourtant le veau est
encore sans yeux, pour figurer ceux desquels Iesus Christ
dit en S. Matthieu chapitre vingttroisieme, Malheur sur
vous Scribes & Pharisiens, conducteur aueugles. Et Esaie
chapi-

Les Moines, apostres du Pape.

chapitre cinquantefixieme , Ses gardes ont efté aueugles,
tous ont efté ignorans : les pafteurs mefmes n'ont feu que
c'eftoit d'intelligence.

On pourroit bien proprement accommoder beaucoup
d'autres chofes en ce monftre aux Moines & Sophiftes.
Comme ceci, L'oreille attachée au froc, fignifie la tyrannie
infupportable des confeffiõs, par laquelle ils iettent les poures confciences en la geule du diable, & les mettent en v-
ne terrible torture.

L'aurcille denote les couffions.

La langue fortant dehors , fignifie que toute leur doctrine n'eft autre chofe que l'angue: c'eft à dire, vn babil af-
fetté, & parolles friuoles.

La langue.

Les deux petis pois fe monftrans fur le teft deuoyent
eftre deux cornes. Et les cornes fignifient la predication de
l'Euangile , lequel nous affuiettiffant à la croix , brife le
vieil homme: Michée chapitre quatrieme, Ie mettray la cor
ne de fer, & tu briferas beaucoup de peuples.

Les deux grains de poix.

Or toutesfois ce Veau-ci n'a point de cornes, mais feu-
lement quelques apparences qui n'apparoiffent gueres.
Car combien que ceux-ci fe vantent de ce tiltre, qu'ils font
docteurs de l'Euangile : toutesfois ils le retreignent & le
deftournent fottement aux traditiõs humaines. Ainfi donc
du fommet de la tefte , qui eft chauue, fortent deux petis
pois. Car il couure du tiltre de l'Euangile tout ce qu'il luy
plaift & ne peut fouffrir que l'Euangile forte hors de cefte
pelure: mais il faut qu'il côuienne & s'accorde à la faincteté de cefte tefte rafe : & principalement quant au Pape.

Les Moines deftournent la predication de l'Euangile aux traditions humaines.

qui est le chef de toutes ces testes pelées.

Le capuchon
attaché au col

Quant à ce que le capuchon tient si ferme à l'entour du col, cela demonstre l'obstination incroyable de la superstition & des erreurs de ces cagots, touchãt les obseruations & ceremonies monastiques. Comme de fait ils sont plongez & fichez si profondement dedans telles ordures, que il n'y a ne vertu ne force, ne splendeur de la verité Chrestienne, tant grande soit elle, qui les en puisse tirer hors pour regarder la lumiere.

Les moines re
tiennent le ca
puchon. &
laissent biens
transitoires.

Or que le capuchon soit attaché au dos, & que vers le ventre il apparoist descousu, signifie que ceux-cy donnent semblant de pieté en habits exterieurs : & est sous ombre qu'ils quittent & laissent tous biens transitoires. mais s'il faut venir à Dieu, & si on les confere à la vie eternelle, on trouuera que ce sont des ventres nuds, & des far deaux inutiles, pour consumer le bien de la terre, voire cõmettans toutes enormitez : dont i'aime mieux me taire.

Quant à ce que les machoeres de dessous semblët aux machoeres d'vn homme, & celles de dessus auec les nareaux à celles d'vn veau, cela signifie qu'en leur doctrine on parlera bien assez souuent des œuures ciuiles de la loy Diuine : mais ce pendant il n'y a rien qui ne sente le veau : c'est à dire, que la discipline, iustice & les vertus philosophales y sont excessiuemët louées.

Car les deux leures de la bouche signifient deux sortes de doctrines. La leure basse signifie l'explication de la Loy : celle de dessus la predication de l'Euangile & des
promesses

promeſſes Diuines. Mais au lieu de l'Euangile & de la pro
meſſe touchant la reconciliation faite par Ieſus Chriſt, ils
preſchent la bouche du Veau : c'eſt à dire , ils preſchent les
grandes & belles recompenſes qui ſont données au ciel
pour les œuures humaines faites diligemment , mais ſans
foy.

Finalement ce Veau n'eſt point velu en quelque part
que ce ſoit , & n'a point de poil comme les autres Veaux
ont accouſtumé d'auoir. Cela ſignifie la belle & reluiſante
hypocriſie, par laquelle ces cagots ont deceu tout le monde:
tellement qu'eux , qui ſont cruels homicides des ames , &
ſuppoſts enragez du diable, ont toutesfois eſté eſtimez Pe
res ſainɛ̃ts & ſpirituels.

Or toutes ces choſes ſont maintenant manifeſtées ouuertement par vne claire lumiere : ce Veau eſt ſorty hors
des cachettes du ventre de ſa mere. Ils ne ſe pourront plus
retirer en vn lieu caché & ſecret de deuant les yeux des
hommes, ne ſi bien faire qu'on ne les apperçoiue. Ils ſe bou
cheront tant qu'ils voudront, mais cela ne fera point que le
maſque ne leur ſoit arraché, & qu'ils ne ſoyent tirez en la
miere, & leur turpitude ne ſoit deſcouuerte, afin que tous
les monſtrent au doigt.

Or ie laiſſe en la liberté d'vn chacun de iuger de ceſte
interpretation . Car encore que l'expoſition ne fuſt aſſez
propre, neantmoins elle eſt de ſoy aſſez ferme & tresbien
fódée ſur teſmoignages de la ſainɛ̃te Eſcriture, que la moinerie eſt telle à la verité que nous l'auons deſcrite. Comme

(marginal notes:)
Preſcher la bouche du Veau.

Le Veau ſans poil.

Le Veau hors du ventre de ſa mere.

L'expoſition du Veau, fir- me & fondée ſur les Eſcritu res.

F.

ainſi ſoit donc que ce Veau s'accorde & conuienne proprement auec les oracles Diuins, qu'vn chacun regarde diligemment & aduiſe bien que c'eſt qu'il meſpriſera, quand
il meſpriſera & reiettera ceſte mienne interpretation. En
ce monſtre il y a vn aduertiſſement aſſez & plus que ſuf-
fiſant, pour nous faire entendre q̃ Dieu eſt courroucé côtre
les obſeruations monachales. Car s'il les aimoit, il eſt bien
certain qu'il euſt reueſtu le froc d'vne plus honneſte figure. Et il faut bien dire que par vne telle figure monſtrueu-
ſe n'eſt point denoté quelque hôme ſeul: mais vne aſſocia-
tion, ou vn conuent, ou vne frairie, ou vn gouuernement
de pluſieurs, ſelon la nature & condition de toutes les vi-
ſions, deſquelles eſt faite mention en la ſainc̈te Eſcriture,
Daniel chapitre huitieme.

O vous Moines & Nonnains, donnez-vous garde,
voſtre affaire eſt icy traité à bon eſcient : & ne reputez
point qu'vn tel aduertiſſemẽt de Dieu ſoit vn ieu de bate-
lerie ou enchantement. Appaiſez Dieu d'autres oblations
& ſacrifices que ceux que vous auez: ou bien abandonnez
vos conuents, & iettez moy vos frocs, & retournez à ce
pourquoy vous eſtes naiz, & ou vous eſtes appelez de
Dieu, auant que ceſte occaſion que Dieu vous preſente ſe
eſuanouiſſe. Car apres cela, quand vous voudrez vous ne
pourrez: maintenant que vous le pouuez bien faire, vous
ne le voulez pas.

Or ſur tous ie ſupplic affectueuſement les nobles familles, & tous gentils-hommes, qu'ils veuillent deliurer
leurs

[marginal note:] Dieu courroucé côtre les ob-
ſeruations des
moynes.

[marginal note:] Que denote la
figure du
Veau.

leurs enfans & cousins & autres parens, ou ceux desquels ils aiment le salut, d'vne telle vie si horrible & si perilleuse, comme d'vne prison fort fascheuse. Pesez qu'ils ne sont point encore hors des liens du corps humain: & qu'ils sont obligez à la communion des hommes, & à la loy de nature aussi bien que les autres hommes. Car ceci n'est point ottroyé à la nature, qu'vne si grāde multitude de gens non mariez se puisse contenir, & viure honnestement & chastement: ou qu'ils se puissent de leur bon gré & volontiers passer du mariage. De moy, i'ay bien voulu faire ce qui estoit en moy & de mon office, & vous aduertir aussi de bonne heure.

Le don de continence n'est point ottroyé à tous.

AVCVNS EXEMPLES NO-
TABLES DV DESESPOIR ET DE
la mort espouantable de plusieurs, pour auoir laissé la verité de l'Euangile.

Iean Crespin au Lecteur Chrestien, S.

E S Monstres prodigieux, amy Lecteur, qui nous font proposez deuant les yeux, aduiennent contre l'ordre de nature, mais non sans grande prouidence de Dieu: lequel dispense ses œuures d'vne telle façon, que tout ainsi que par cela il donne aduertissement aux siens, pour en faire leur profit, aussi il plonge les meschans & reprouuez en tenebres si profondes, qu'ils ne peuent voir l'herreur de tels iugemens: & faut par ce moyen qu'ils perissent. On en voit iournellement tant d'exemples en la personne de plusieurs, voire & de ceux qui auoyent fait semblant de cognoistre la verité: desquels la fin a esté si mal-heureuse, que la souuenance est pour faire dresser les

F. ii.

cheueux à ceux qui en oyent seulement parler. Ce que nous ne
deuons ainsi passer legerement, ou mettre en oubli : & sur tout
au téps ou nous sommes, qui est enuironné de tát de desbordemens. Ce sont les effects des iugemens du Seigneur en la mort
espouátable de plusieurs personnes, dont il sera parlé cy apres. La
fin desquels demonstre que peuuent attendre les hommes quãd
ils sont venus iusques là de faire la guerre ouuerte à Dieu : & ba-
taillent de leur gré & malice obstinée contre la verité cogneue,
ou bien quand pour quelque petite commodité temporelle ils
la desguisent & veulent assubiettir & faire seruir à leurs appetits
charnels. Or afin que doresenauant les fideles soyent aduertis de
ne laisser passer tels exemples, nous en auons de ce commence-
ment mis quelques vns des plus notables, & sur tous celuy de
Spera, qui a bon droit doit estre mis en premier lieu : comme il a
esté à la verité cy deuant descrit.

IEAN CALVIN AV LE-
cteur Chrestien.

N peut cognoistre combien est grande la mali-
gnité de nostre entendement, ou combien est
nostre iugement corrompu, quand il est question
d'estimer les œuures de Dieu, principalement par cecy,
que combien que Dieu bien souuent monstre des exemples manifestes, quand il veut punir les forfaits & pechez des hommes : toutesfois plusieurs les laissent passer
par mespris, les autres s'en moquét apertement, les autres
pensent que ce sót cas fortuits : & tous les enseuelissét par
vne soudaine oubliance. Or outre ce ǧ ceste ingratitude ne
est nullement supportable, auec cela elle traine ce mal a-
uec soy, que nous ne receuons point le fruit des iugemens
de Dieu, que nous en deuions recueillir. Ce fruit, c'est celuy qui est monstré en brief par le prophete Esaie, vingt-
sixie-

ſixiéme chap. à fin que les habitans de la terre, dit il, apprennent iuſtice par ce moyen. Il ſignifie par cela, qu'e-
ſtans effrayez de crainte, ils doiuent eſtre inſtruits à crain
dre Dieu, & à viure ſainctement. Pour remedier à ce vi-
ce, les Prophetes s'arreſtent plus à ceſte partie de doctrine, qu'à toutes autres : à ſauoir d'imprimer en noſtre memoire les peines que Dieu enuoye aux meſchans & in-
fidelles. Mais encore icy ſuruient vn autre mal, beaucoup
plus dangereux, qui eſt l'obſtination : quand nous ne de-
uenons point ſages pour admonitions qu'on nous face.
Pourtant on apperçoit ſeulement ce profit de tant de remõ
ſtrances que les Prophetes repetent ſi ſouuent, & par
maniere de dire foudroyent en les prononçant, que bien
peu ſont tellement quellement touchez. A fin donc que
Dieu nous arrache des poings ceſte ſtupidité tant brutale,
il met quelque fois en auant des choſes ſi prodigieuſes, qu'
elles nous contraignent de ſentir quelque choſe, voire en
dormant. Il n'y a pas long temps qu'il a monſtré vn ſem-
blable exemple en vn certain Italien, nommé François Spera. Notons premierement cecy, que c'eſt en Italie : c'eſt à
dire, au plus grand & plus excellẽt theatre de toute l'Eu
rope, & de toutes les regions Chreſtiennes : d'auanta-
ge en ceſte nation, laquelle combien qu'en toutes autres
choſes ait grande viuacité d'eſprit, en ceſt endroit, touteffois eſt plus que ſtupide. Car l'impieté eſt ſi desbordémẽt
eſpandue entre eux, que la plus grande partie ne penſe
point que Dieu ait fait le monde, ou ne le recognoiſt point

Dequoy nous doit ſeruir la crainte.

Pourquoy peu ſont touchez des remonſtrã ces des Propha tes.

Stupidité bru tale d'aucuns

F iij.

pour iuge à venir. & ne s'en faut point ébahir. Si l'Ante-
chrisi Romain sçait bien épancher son poison mortel iusqu'aux derniers bouts de la terre, comment n'infecteroit-
il ses Italiens, halenant de plus pres? Nous voyons donc
d'autres nations ensorcelées de mechantes superstitions:
mais ceste-cy, est enragée & forcenée à mepriser Dieu
debordément.　Vray est que ceste region a aucuns excellens seruiteurs de Iesus Christ, & sages personnages: &
ne doute point que le Fils de Dieu n'y ait beaucoup de bre
bis, lesquelles sont auiourdhuy esparses, & seront finalement recueillies. Toutesfois autant qu'on peut iuger de
la vie commune des hommes, voire quand on regardera
tous les estats, on n'y trouuera qu'vn aueuglement & stu
pidité horrible. Puis donc qu'ils mesprisent Dieu auec vne
nō-chalance si grāde, voire auec vn orgueil si intollerable:
qu'ils ayent de tels ministres qu'ils ont merité. Or ce Fran
çois Spera est digne d'estre mis au premier reng: car comme il estoit homme glorieux (ainsi qu'il appert) & adon
né à ambitieuse ostentation, ayant voulu philosopher en l'
escolle de Iesus Christ d'vne façon profane, estant finalement produit en lumiere, a monstré qu'il auoit occupé place
pour quelque temps entre ceux du nombre desquels il n'e
stoit point. Les Italiens donc, qui ont cecy trop familier de
se iouer auec Dieu, ont dequoy apprendre par cecy, combien Dieu se venge à bon-escient des contempteurs de sa
maiesté.　Or maintenant, quant à ce que l'Antechrist Ro
main a voulu par son Legat mener Iesus Christ & son
Euan-

Le Pape em-
poisonne le mō
de d'Atheisme

Les desesperez
ministres pro-
pres pour les
meschans.

Euangile en triõphe memorable, en la personne de cest hõ-
me miserable & desesperé, cõme ayant obtenu victoire: il
a rencontré vne auenture digne de sa ruze meschante. Tã
dis que ce mal-heureux Spera trauailloit en ce monde au
milieu des tormens horribles, estant desia à demy-mort,
il ne cessoit de crier qu'il estoit destiné à perdition eternelle:
pource qu'en partie par les allechemens infames de ce
Legat Romain, en partie aussi par menaces tyranniques
il auoit esté induit à renoncer Iesus Christ mal-heureuse-
ment, auquel est le salut vnique. Les voix des Martyrs, les
quels ils meurtrissent cruellement, resõnent entre eux: &
mesme sont ouyes du ciel. le Pape auec tous ses suppost
les repute indignes de ses aureilles: parquoy, qu'ils s'ebat-
tent en la chanson de ce venerable martyr de leur catalo-
gue, iusqu'à ce qu'ils soyent tirez à vne mesme tragedie
de desespoir. Ie parle nommément au Pape auec sa ben-
de de brigans, & aux Italiens: non-pas que cest exemple appartienne seulement à eux: mais pource que par
vne prouidence admirable de Dieu ce spectacle épouanta-
ble est approché plus pres de leurs yeux que des autres:
d'autant qu'ils ne peuuent estre reueillez, s'ils ne voyent des mouuemens tragiques. Ce pendant que les autres
nations sachent que Dieu leur adresse aussi cest auertis-
sement. Que nos François, qui estans par leur legereté
éleuez par dessus les nues, s'accoustument plus qu'il ne
seroit de besoin à des mocqueries profanes de la religion, auisent à cecy: qu'ils y appliquent leur entende-

Alemans é-
lourdis en
leurs propres
maux.

ment, & s'y arreſtent. Les Alemans auſſi, qui en la conſideration des iugemens de Dieu ont eſté par cy deuant ſi tardifs & élourdis, que maintenant encore en leurs maux extremes il ſemble auis qu'ils ayent depouillé meſme le ſens humain, qu'ils preſtent les aureilles à cecy. Que les Anglois auſſi, & les autres, apprennent de quelle reuerence & ſolicitude ils doiuent accueillir Ieſus Chriſt, commençant à leur éclairer. Soit que ce miſerable homme

Le fruit du de-
ſeſpoir de Spe-
ra.

Spera, ait eſté alleché par flatteries, ou contraint par étonnement à renoncer la verité de Dieu, laquelle il auoit confeſſée: il nous eſt pour vn bel exemple & inſtruction, que la confeſſion de la ſaincte, & ſalutaire doctrine, de laquelle nous ne faiſons pas grand conte, n'eſt pas de petite eſtimation deuant le ſiege iudicial de Dieu. Car auſſi toſt qu'il ſe laiſſa amener à ceſte déloyalle diſſimulation (comme les reprouuez ne ceſſent d'attirer peché ſur peché) depuis il eſt tombé en diuerſes foſſes, & s'eſt entortillé de pluſieurs laqs de deſeſpoir, iuſqu'à ce que le malheureux s'eſt eſtranglé ſoy-meſme de ſpeculations fantaſtiques, ne plus ne moins qu'vne beſte qui eſt prinſe aux laqs, & taſche de

Pourquoy eſt
faicte ceſte
preface.

ſe deuelopper, & ne peut. Veu donc que c'eſt vn teſmoignage du iugement de Dieu, digne d'eſtre cogneu, en ce temps icy, & eſtre ramentu à ceux qui viendront apres: il m'a ſemblé bon de diuulguer l'hiſtoire d'iceluy, compoſée par homme ſauant & eloquent: à fin qu'elle ne periſt, en partie par le nonchaloir, en partie par la ſtupidité, en partie auſſi par la malice des hommes. Car ie ne voy point

point, que ce qui en a esté escrit au-parauant, puisse apporter grand profit aux lecteurs, veu qu'vn chacun peut facilement iuger ce qui en a esté amassé auoir esté fait asses imprudémēt. Le Seigneur Iesus vueille cōfermer nos cœurs en la vraye & pure foy de son Euāgile: & retien ne nos lāgues en la ferme confession d'iceluy: à fin que chātās maintenant auec les Anges, nous iouissiōs finalement auec eux de la ioye bien-heureuse du royaume cęleste. De Geneue ce quinzieme de Nouembre mille cinq cens quarante neuf.

EXEMPLE NOTABLE DE DE-SESPOIR EN VN CERTAIN ITA-lien, nommé François Spera.

L A Citadelle est vne ville assez renōmée, du territoire de Padoue. Il y auoit en icelle vn hōme, nommé François Spera, riche & honneste entre tous ceux de la ville, & le plus excellēt de son estat qui fust en toute la ville & le païs circōuoisin, à cause du grād sauoir qu'il auoit és loix, & qu'il estoit grandement exercé és causes ciuiles. Or comme ainsi soit qu'il fust fort ardent en la religion Chrestienne, & *Spera ardent* en la doctrine de l'Euangile, & qu'il eust desia commen- *en la parole* cé à la gouster, il commença à l'embrasser d'vne si merueil- *de Dieu.* leuse sorte, qu'en peu de temps par vne inspiration & instinct de Dieu, il estimoit que ce n'estoit pas assez que

G.

luy fuſt certain, d'vne vraye & aſſeurée fiãce qu'il auoit
en Chriſt, de la paix & reconciliation de Dieu auec les
hõmes: ſi quant & quãt il n'incitoit par vne meſme fiance, les autres ſes amis, familiers & voiſins, à bien eſpe-
rer de la volonté du Pere celeſte. Et à fin qu'il vint mieux
à bout de ce qu'il pretendoit, il delibera en ſoy-meſme de
ſonder tous les ſecrets de ceſte religion, & cercher diligẽ-
ment les paſſages obſcurs de l'Eſcriture: à fin qu'il peuſt
auoir des teſmoignages certains de ſa doctrine, preſts
pour en reſpõdre. Et pourtant il appliqua du tout ſon eſprit à lire diligemment & attentiuement la ſainte Eſcriture & les liures de ceux qui expliquent fidellement &
puremẽt la doctrine de l'Euãgile. Et luy meſme receuãt
grand fruit de ceſte eſtude, il y prenoit ſi grand plaiſir,
qu'il reiettoit le ſoin de toutes autres choſes, ſinon autant
que l'amour de ſes enfans & de ſa femme le pouuoit eſ-
mouuoir. Il delibera de ne faire plus autre choſe, de ne re
garder ou penſer plus à autre choſe en toute ſa vie, ſinon
que par tous les moyens qu'il pourroit, amener les autres
à ceſte cõſolation & medecine, cõme à vn port treſ- aſſeu-
ré de ſalut: cõme luy auoit receu vne cõſolation incroyable
de la lecture aſſiduelle des ſainctes lettres, & vn remede
contre toutes les miſeres de la condition humaine, & les
agitations & troublemens de l'eſprit. Penſant donc à cela iour & nuit, & y mettant du tout ſon eſprit, & ſen-
tant ſon cœur eſtre de plus en plus pouſſé à l'accroiſſe-
ment de ceſte doctrine, par quelque inſpiration diuine, &

comme

La lumiere n'
eſt point allu
mee pour eſtre
miſe ſous le
muy.

L'Eſcriture
eſt la vraye me
decine & port
de ſalut.

comme s'il euſt eu Dieu preſent deuant ſes yeux : il commença à tenir propos ſaints & Chreſtiens, & traiter diligemment, premieremēt en ſa maiſon auec ſa femme &
ſes enfans (il en auoit onze) & aucuns de ſes amis &
voiſins, du vray pardon par Ieſus Chriſt, de la certaine
& ferme fiance & eſperance d'immortalité, que Dieu
preſente à tous à cauſe de ſon fils Ieſus Chriſt. Et ce de-
uis & conference qu'il auoit ainſi auec ſes amis, eſtoit de
ſi grande vertu & impetuoſité, que peu de mois, ou pluſtoſt peu de iours apres, le courage de Spera augmentoit
en foy, conſtance, & grandeur d'eſpoir & de fiance, &
par maniere de dire, agrandiſſoit merueilleuſement. Et
dés lors penſa qu'il ne falloit plus tenir ce feu caché dedens les murailles de ſa maiſon, ou ſupprimer ceſte chaleur, de laquelle il eſtoit tout embraſé: mais eſtima qu'il
le falloit porter publiquement deuant tous et le ſemer en
pleine compagnie & aſſemblée. Parquoy en peu de temps
la vertu & grandeur de ce feu celeſte, lequel Chriſt a-
uoit apporté du ciel pour eſchauffer les entendemens des
hommes, & lequel auoit eſté eſpars par les mains de Spera: ſaiſit toutes les places, pourmenoirs, carrefours, coings
& finalement tout le marché de ceſte ville de la Citadelle: en ſorte que tous les eſprits de la ville, voire de tout le
voiſinage, eſtoyent preſque embraſez de ce feu. En laquel
le perturbation de toutes choſes, il euſt eſté bien beſoin de
voir ce que les Prophetes auoyent iadis predit de Ieſus
Chriſt : à ſauoir, ſ le Pere le deuoit enuoyer pour l'amour

l'ay creu,
pourtant ie
parleray.

La Citadelle
eſmeue pour la
predication
de la Parole.

des poures & petits, pour inspirer en leurs cœurs vne
esperance certaine de la vraye immortalité, & par manie
re de dire, allumer des feux de diuinité. Car comme ainsi
soit que ceux qui sembloyent estre trop échauffez de leur
propre gré apres les delices & allechemens de ceste vie
presente, se reculassent bien loin de ceste flamme de l'Euã
gile nouuellement allumée : les poures, & ceux qui estoyent de basse condition, (les esprits desquels estans desia
dés long temps depourueus de la chaleur de la crainte de
Dieu & vraye religion, non seulement estoyent refroi-
dis, mais aussi conuertis en glace) y accoururent vistemẽt
& en grande diligence, comme si ceste doctrine leur eust
esté enuoyée seulement, & non à d'autres. Ce qui commẽ
ça à rendre grandement odieux Spera premierement,
& puis apres, la predication de la verité : car plusieurs e-
stans offensez de ceste curiosité de choses nouuelles, comme ils l'appeloyent, disoyent que la façon des ceremonies & coustumes anciennes ne deuoit point estre chan·
gée : que l'authorité de leurs peres & predecesseurs leur
estoit en si grande reuerence, qu'ils pensoyent que non seu
lement il ne falloit rien receuoir qui fust contraire à ce
qu'iceux auoyent approuué, mais aussi qu'on ne pouuoit
sans grande mechanceté reuoquer en doute, aucune de ces
ceremonies : & que tous deuoyent auoir pour vne chose
tres-certaine, ce qui estoit desia approuué & confermé
par si longue espace de temps, & comme par vne conti-
nuelle succession d'années, & donné de main en main aux

succes-

Les riches re-
iettent la ve-
rité, les po-
ures l'appre-
hendent.

Murmures cõ
tre l'Euãgile.

successeurs. Laquelle clameur fut cause, que la renommée
de ce fait tant nouueau, & duquel on n'auoit iamais ouy
parler, fut espandue premierement par toute la ville :
puis apres par le bruit du commun populaire esparse par
les champs & villages:& quelque fois aussi les enuieux
controuuoyent quelque chose,& aioustoyent à ce que Spe
ra auoit dit, pour le rēdre plus odieux. Parquoy quelque
peu de temps apres cela, il y eut si grande haine contre
luy, pratiquée par moyens clandestins & par calomnies
assiduelles des detracteurs: occultes voirement, mais cependant dressées pour sa ruine & perdition, que quelǵ
fois l'impetuosité de ceste haine sortoit & se mōstroit au
grand danger de la vie de Spera. Oñ dressa donc accusation cōtre luy:les tesmoings furent tantost trouuez & in-
struits, & les prestres (qui en peu de temps, durant que
Spera traitoit de la vraye religion, auoyent senti grande
diminution de leur profit) se rendirent accusateurs. Il s'
en trouua aussi aucuns, qui promirent de n'espargner
leurs biens:les autres offroyent leur conseil & faueur en
cest affaire. Bref, on machina contre luy toutes choses, d'
vne si grande enuie & affection de l'opprimer, que desia
il sembloit auis que l'estonnemēt de l'accusation ne luy fust
point seulement proposé pour luy faire peur : mais qu'on
auoit desia conclud à sa mort & à la confiscation de ses
biens. Parquoy les accusateurs plus que diligens en cest
endroit,& fort exercez en ceste escolle,ne laisserent rien
derriere,qui seruist à mettre soudainement en execution,

G   iij.

Haines & en
uies contre
Spera.

ce qu'ils auoyent entrepris. Ils partent donc de Cifes pour
aller à Venife, & pour trouuer là le legat du Pape, nommé Iean de la Cafe, homme du tout mechant & d'vne vie
infame : lequel eſtoit là commis en garnifon, & faifant le
guet, pour efpier & prendre confeil fur telles matieres.
Là ils font de grandes complaintes à ce venerable Legat,
& luy rapportent qu'il y auoit vn homme en la Citadelle, ville du territoire de Padoue, nommé François Spera:
lequel contre l'authorité des peres anciens, & contre les
couftumes & ceremonies dés long temps receues en la religion, ofoit bien dire que maintenant toutes les rufes &
fineffes eftoyent decouuertes & diuulguées, par lefquelles la puiffance Ecclefiaftique, defia de fi long temps en-
graiffée, & pref-que faoule de la fimplicité du fot & fu-
perftitieux populaire, obtenoit la fouueraine domination
de tout le monde : que le regne & feigneurie du Pere fan
ctiffime, eftoit grieuemét vexée : que l'auarice des preftres
& des moines eftoit ebrâlée : la cupidité & violéce eftoit
prefchée : qu'on traitoit publiquement de viure diffolue-
ment en toute cruauté & toutes fortes de mechancetez :
que les fimples & idiots oyoyent ces chofes, & fe rendoy-
ent atentifs, diligens & volontaires plus qu'il n'eftoit
de befoin pour le profit de l'eglife : que fi on ne remedioit
de bonne heure à ces maux qui ne faifoyent encores que
commencer, et n'eftoyent pas encore beaucoup efpandus,
il n'y auroit rié plus à craindre : finon qu'il auiéne en bref,
ce que les ennemis de l'ordre ecclefiaftique ont predit deſ-
 ja dés

Spera accufe
vers le Legat.

Le clergé Pa-
pal craint la
lumiere.

fia dés long temps deuoir auenir à ceſt ordre : à ſauoir
que les biens de l'egliſe decherroyent tellement, qu'il fau-
droit que les gẽs d'egliſe allaſſent beſongner aux vignes,
ou bien s'allaſſent pendre : ⁊ que par ce moyen ils perdiſ
ſent toute leur abondãce ⁊ plaiſirs. Ils adiouſtoyent ceci
dauãtage, que ce Spera outre la cognoiſſance des ſainctes
lettres, eſquelles il auoit grandement profité depuis peu
de temps, auoit auſſi grande authorité ⁊ grace enuers le
peuple. Auec ce qu'il eſtoit naturellement garni ⁊ doué
d'vne ſi grande eloquence ⁊ moyen d'autres choſes, leſquelles peuuent facilement ſurprendre les entendemens
du populaire. Et pourtãt il falloit obuier à tout ceci d'autant plus diligemment ⁊ plus viſtement. Or ces choſes,
⁊ autres ſemblables, qui pouuoyent ſeruir à embraſer le
courage de mõſieur le Legat, luy emeurent grandement
ſon eſprit, veu meſmes qu'elles luy furẽt dites auec grãd
courroux ⁊ aigreur de cœur. Car ce vieux renard, expe-

Le Legat eſ-
meu par faux
rapports.

rimenté dés lõg tẽps, cognoiſſoit bien quel grãd dõmage,
telles diſputes ſppoſees au peuple, pouuoyẽt apporter à l'
egliſe Romaine, ⁊ à l'eſtat du Pape. Il ſe ſouuenoit auſſi
q̃ les cõmencemens de ceſte doctrine ne faiſans encore que
naiſtre entre les Alemans, nation grande ⁊ puiſſante, ou
meſpriſez par la pareſſe ⁊ nõchalance des Papes, ou diſſi
mulez par la fineſſe ⁊ aſtuce d'aucuns puiſſãs princes de
l'Europe, auoyẽt amené les affaires de la Chreſtienté iuſ-
que là, qu'il falloit que toute la façõ de viure des gẽs d'e-
gliſe fuſt chãgée, ou que les aides ⁊ ornemens de leur di-

nité, puiſſance & richeſſes, leſquelles ils auoyēt obtenues
deſia par ſi lōgues années, leur fuſſēt oſtées des mains: &
n'auoyēt encore arreſté lequel des deux ils feroyēt moins
volontiers. A ceſte cauſe le Legat penſa que la premiere
choſe qu'il deuoit faire, c'eſtoit de taſcher en quelque ſorte que ce fuſt, que Spera luy fuſt amené, et que là il luy fiſt
rendre promptement raiſon de la religion. Pour ce faire,
il impetre l'authorite du Senat de Veniſe. Bref on appre-
ſte & donne-on ordre à toutes choſes: on attend l'oppor-
tunité du temps.   Cependant Spera, qui deſia dés long
temps ſauoit bien qu'on tenoit conſeil, & par maniere
de dire, iournée pour conſpirer ſa ruine & deſtruction,
& voyoit que la haine conceue de longue main contre luy
n'eſtoit plus occulte & cachée, mais manifeſte & apertement cognue: commença à penſer ſur tout ſon affaire
vn peu plus diligēment. Car il n'eſtoit ignorant de ce qu'il
auiendroit, s'il ſe fuſt vne fois abandonné, & expoſé ſes
biens à la cruauté & inhumanité de ſes ennemis. Toutesfois il preuoyoit qu'il ne pouuoit plus reſiſter à cela,
ſinon ou qu'il condemnaſt publiquement, cōme vne fauſ-
ſeté, & reiettaſt auec grande note d'inconſtance & ignominie, & auec vn tref-certain danger de perdre la vie e-
ternelle, ce qu'au-parauant il auoit hardiment & conſtā-
ment preſché de Ieſus Chriſt, & qu'il cognoiſſoit eſtre
tres-ſainct & tres-veritable: ou que laiſſant ſa femme
bien-aimée, & ſe priuant de la douce cōpagnie de ſes onze enfans, & de la frequētation familiere de ſes amis &
voiſins,

voisins : & se depouillant de tous ses biens & honneurs,
il s'en alla de son bō gré, loin de son pays & de sa maison,
en quelque terre estrange , prest à endurer tous accidens
durs & difficiles.Estant en ceste pensée,& sentant son esprit merueilleusement tormenté , comme s'il eust esté agité
de vagues: & ne voyāt point commēt il se pourroit deuelopper d'vn si grand amas de difficultez,& n'ayant encore arresté en son esprit,de quel costé il deust decliner:voicy
incontinent ce Pere de toute misericorde, qui ne permet-
tant point les siens succomber sous telles tempestes & ora *Dieu redresse*
ges,luy fit sentir son aide present, & luy donna vn sainct *les poure estôné.*
conseil d'enhaut. Ce que Spera rapporta lors à aucuns de
ses amis:& perseuere encore en ce cōseil iusques à ce iour-
dhuy, que Dieu l'auoit diligemment admonnesté , qu'il a-
uisast bien ce qu'il entreprendroit & suyuroit en cest affaire de si grande importance.Vray est que plusieurs choses
difficiles se presentoyent, qu'il luy falloit bien tost souste-
nir vn combat aspre & fascheux: mais aussi que le moyen
de la victoire estoit facile:& qu'il n'y en auoit point plusieurs,ains vn seul & tres-certain: & si par ci deuāt luy-
mesme auoit conceu en son esprit quelque esperāce & fian
ce de la bonne volonté de Dieu enuers soy, pour l'amour
de son Fils Iesus Christ:& sainctement & Chrestienne-
ment induit ses voisins & concitoyens à se persuader le
semblable , il demeureroit perpetuellement en ceste fiance
luy mesme : & par son exemple confermeroit les cœurs
des autres , lesquels il auoit incitez à entreprendre ceste

H.

mesme chose : & ne souffriroit point que par aucuns dangers ou tourmens proposez , on le detournast de la vraye
confession Chrestienne : & ne renieroit point Iesus Christ,
pour quelque horreur ou aspreté de bannissemēt qui s'eust
peu presenter : veu que Christ auoit enduré pour lamour
de luy choses plus grieues & difficiles : & se dōneroit bien
garde d'estimer pour vn ieu, si estant alleché par paroles
douces de quelqu'vn, ou estonné par menaces, il venoit par
vne impieté meschante à abuser des choses qui concernent
le vray seruice de Dieu & la sainte religion : & imprime-
roit en sa memoire , que si maintenant il mesprisoit le conseil salutaire qui luy estoit offert, il ne profiteroit rien puis
apres de le souhaiter , veu qu'il se seroit astraint à vn peché irremissible.

*Mespriser le
cōseil de Dieu
peché irremis-
sible.*

A laquelle admonition Spera fut si tresfort estonné & effrayé , qu'il delibera en soy-mesme que plustost
il abandonneroit le pays , ses enfans & tout ce qui luy
pourroit estre precieux en ce monde : mesme plustost
exposeroit sa propre vie , que de parler ou penser aucune chose contre ce qu'il auoit senti, & desia presché souuentesfois de Iesus Christ. Or s'estant quelque temps
arresté en ceste opinion , & presque confermé : voici Satan
l'ennemi du genre humain, qui n'a point accoustumé de se
reposer en telles choses , & qui est grandement excercé
en telle façon de combattre , voire en telle sorte que bien
souuent il ne retourne de la bataille , qu'il n'obtienne victoire , ou pour le moins qu'il n'ait fait quelque esclandre:

le

le diable, di-ie, se presente à luy, garni de toute audace, & armé de toutes ruses & bastons, par lesquels il pense destourner l'esprit de ce poure homme de toute cogitation salutaire, & faire perdre toute constance, estant experimenté en toutes sortes d'embuches & surprinses, n'ignorant ne lieu ny occasion quelconque : ains luy mettant deuant les yeux, toutes choses lesquelles il sauoit pouuoir esmouuoir grandement les hommes. Il suborne aussi & instruit aucuns amis & familliers & voisins de Spera, du moyen desquels il voulut vser, pour ebranler sa constance. Car il se souuenoit qu'il estoit souuent auenu, que quand les hommes prudens auoyent par leur prudence, soin & industrie souuentesfois decliné les embusches & entreprises de leurs ennemis, auoyent puis apres esté renuersées & accablées par la trahison meschante de ceux mesme qu'ils pensoyent estre leurs plus familliers amis.

Ayant donc appresté tous ces moyens, & tenant ses instrumens tous prests, il essaye premierement, quel lieu pourroyent auoir ces choses communes enuers Spera : assauoir l'exemple de ses peres & predecesseurs : l'authorité de ses ancestres : la façon ancienne & dés long temps diuulguée du seruice Diuin & de la religion : les ceremonies receues en l'Eglise auec grande pompe & appareil : esquelles il n'est point croyable que Satan prenne plaisir, veu qu'en itelles il est coniuré, & comme repoussé de greslles de paroles sainctes, lesquelles tou-

Satã esblouit les hõmes par les pompes des ceremonies.

H. ii.

tesfois il desire estre confermées, & perpetuelles, pource
qu'il sait que les esprits des hommes ne peuuent se contenir sans quelque religiō: & pour ceste cause ce luy est asses,
qu'estans abbreuuez de quelque peruerse superstition, ils
se reposent en seurté sur icelle, & qu'ils n'esleuent iamais
les pensées de leur entendement plus haut: à sauoir, au
vray seruice de Dieu, & à la certaine fiance d'immortalité, qui est par Iesus Christ: par laquelle seule le royaume
de Satan est abbatu & rēuersé. Ausquelles toutes choses
Spera ayant dés long temps assez affermi son esprit, en sor
te que non seulement il n'estoit point fieschi de semblables
choses, mais aussi perseueroit plus fort en son opinion: fina
lement il se retira pour le dernier secours au camp de l'ennemi: ou il ne fut oublié ne ruse, ne finesse, ne moyen, ny audace quelconque. Les propos n'eurent point faute de vertu, & les paroles ne furent point sans efficace. Voicy donc
que ce vieil Serpent luy proposoit par ses amis mesmes,
Es-tu si cōuoiteux de choses nouuelles, que tu ne te vueil-
les arrester à garder la coustume des peres & predecesseurs, qu'ils ont obseruées au seruice Diuin & ceremonies? Persuaderas-tu, qu'il y ait vne autre voye d'immorta
lité, laquelle tu oses affermer estre seule & vnique, & laquelle a esté incognue à tes ancestres, & de laquelle ils
n'ouirent iamais parler? veu mesme que tu n'as nulle exem
ple & nulle raison qui ne soit nouuelle. Ainsi soit encore
que ceste tienne persuasion soit de soy-mesme tres-veritable: nonobstant puis que tu dis que les entendemens de tes
                                                              pe-

peres, & predecesseurs ont esté si aueuglez, qu'ils ne
voyoyent point ce que tu presches & annonces maintenãt:
tu ne peux nier que tous ceux qui sont deuant ce temps
decedez de ce monde, ne soyent priuez de la vie & beatitude immortelle, & enfermez en quelque part dedãs des
tenebres espesses & profondes, & griefuement tormen-
tez : ce qui ne se peut faire, que ce ne soit à la grande honte & infamie de toy, & de ceux qui viendront apres toy.
Mais à la verité, puis que iusques ici tu as eu le courage si
endurci & obstiné, que quand ces choses, ou plusieurs autres semblables t'estoyent dites par tes amis & familliers,
tu n'y pensois point: ie n'espere point que ton courage, lequel est vray semblable que par longueur de temps est
endurci à telles exhortatiõs, puisse estre flechi par ce mien
propos. Ie croy bien ceci : toutesfois si tu n'es totallement
hors du sens, tu dois penser & reduire en memoire, que la
conditiõ de ta cause est telle: que si tu te deliberes de maintenir trop opiniastrement ce que tu as puisé de ceste tienne doctrine, tu exposeras à grans dangers ta vie & tous
tes biens: & ce ne sera point sans turpitude & note publique d'infamie. Que si tu ne peus estre esmeu d'aucun dan
ger de ta vie, ne d'aucunne turpitude d'ignominie publique: pour le moins mets deuant tes yeux les pleurs pitoy-
ables de ta poure femme, la solitude d'icelle, la poureté &
disette de tes chers enfans, la desolation de ta maison, &
l'infamie perpetuelle de ta race & famille. Et puis que la
vie & le salut d'eux tous depend de toy seul, si tu te ban-

nis volontairement, ou si tu te mets en dãger de ta vie par
ton obstination, doutes-tu que tu ne mettes toutes ces cho
ses en ruine & perdition en vne mesme heure ? La vertu & efficace de ce propos fut si grande, que plustost on se
doit esbahir comment l'esprit humain ait peu si long
temps resister, qu'il n'ait succombé, apres auoir esté oppri-
mé & accablé. Car i'estimeray que celuy qui ne se soucie-
ra ou ne pensera aucunnement aux choses qui nous sont
aimables & precieuses en ce monde, regardera à choses
meilleures & plus grandes que ces choses humaines, e-
stãt conduit de quelque inspiration diuine: ou biẽ qu'il sera
comme vne beste cruelle, depourueue de toute mansuetu-
de & humanité. Ce poure Spera donc ayant quelque tẽps

Spera succom
bu à la persua
sion de ses a-
mis. assez constamment resisté, tant au propos de ses amis qu'
aux violences de Satan, il declina finalemẽt du costé le plus
doux & humain: & delibera de changer l'opinion de la religion, qu'il auoit entreprise de maintenir & defendre: ou
pour le moins dissimuler, comme on a accoustumé de faire
és autres choses, que de perdre du tout ses enfans, ses a-
mis, & tous ses biens. Parquoy pour euiter l'aigreur de l'
accusation, il pensa que ses affaires se porteroyent bien s'il
s'en alloit de son propre gré à Venise vers le Legat, demander pardon de sa temerité & ignorance. Car il auoit
ceste fantasie, que s'il confessoit sa faute de son propre
mouuement, cela seruiroit beaucoup à rendre son iuge hu
main & clemẽt: & par ce moyen que facilement il obtien-
droit pardõ, ou biẽ qu'il adouciroit l'aspreté de sa punition.

Estant

Eſtant donc venu deuant le Legat, il cõmença à s'accuſer volontairement & ſe condamner de temerité, à demander pardon, & promettre & iurer fort & ferme que tout le reſte de ſa vie il n'affermeroit choſe touchant la religion, qui fuſt contraire aux commandemens & authorité de l'egliſe Romaine, qu'il reietteroit & laiſſeroit du tout ſa couſtume ancienne, de diſputer de la religion & des ceremonies eccleſiaſtiques. Ayãt par ceſte confeſſion aucunnement appaiſé le courage du Legat, non point toutesfois totallemẽt ſatisfait: on fit reciter deuãt luy tout ce qu'il auoit dit autresfois, & diſputé en ſa ville: afin qu'il recognuſt toutes ces choſes l'vne apres l'autre, & les cõdãnaſt luy meſme apertement par ſa propre ſentence, cõme choſes fauſſes. Ce que ce miſerable ne refuſa point de faire: mais d'vn courage prõpt & alaigre, il execute ce qui luy eſtoit commandé. Cela fait, on luy fait à la fin cõmandement de retourner en ſa ville, & que là en lieu eminẽt deuant tous & en l'aſſemblée des habitans, confeſſaſt que les meſmes opinions qu'il auoit autresfois ſemées, & pour lors deſauouées à Veniſe en la preſence du Legat, eſtoyent fauſſes & pleines d'erreur: afin que par la confeſſion de ſa temerité & ignorãce: il guariſt les entendemens de ceux qu'il auoit infectez de la contagion de ceſte doctrine. Et à fin que cela ſe fit plus diligemment & mieux pour le profit de l'egliſe Romaine, on luy donna ſa leçon par eſcrit, & quelque forme contenant paroles expreſſes, deſquelles il ne luy eſtoit loiſible de laiſſer vne ſeule ſylla-

Spera condam-
né de ſe dedire
publiquemẽt.

l'e. On laisse aller ce poure Spera sous ces côditions: lequel
en s'en retournant commença sur le chemin à penser en

*Remors de
conscièce poi-
gnâs le poure
Spera.*

soy-mesme ce qu'il auoit fait : combien estoit grand & e-
norme le peché qu'il auoit cômis, veu qu'auec vne si gran
de impieté il auoit renié Iesus Christ, & condamné par sa
propre bouche la doctrine Euangelique, laquelle il sauoit
estre tres-veritable : & ce q̃ ci apres il auoit à faire, pour
parachcuer vn cas si horrible & execrable : quels beaux
tesmoignages de sa foy , quels excellens tiltres & quelles
belles bulles il rapporteroit en sa maison, à ses enfans, a-
mis & côcitoyens, lesquels il auoit autresfois souuent exhortez de grand courage à endurer toutes sortes de dangers pour la foy de Iesus Christ. Son esprit donc demeure
quelque peu en doute, & chancelle d'vn costé & d'autre.
Nonobstant il luy sembla qu'il fut admonnesté de quelque esprit diuin, que ce qu'il auoit fait à Venise estoit desia vne chose de soy assez lourde & pernicieuse: neâtmoins
que ce qui restoit encore à faire estoit beaucoup plus fascheux & dangereux: qu'il y auoit encore esperance d'obtenir pardon enuers Dieu: & pourtât, qu'il se donnast bien
garde d'aiouster vne nouuelle impieté sur ce peché qu'il a-
uoit desia commis, & ce par la confession publique qui luy
estoit eniointe. Vray est que cela esmeut ce poure homme,
comme il deuoit, & le tint lôg temps en doute & suspens.
Toutesfois apres qu'il fut de retour en sa ville, & eut cô-
muniqué tout l'affaire à aucuns de ses amis , & monstré
qu'il auoit en fantasie d'euiter vne si grande infamie publique

blique, & de ne faire point que par vne confeßion ſi meſchante il acquiſt tout le reſte de ſa vie vn perpetuel deſ-
honneur: & qui eſtoit encore plus à craindre, qu'apres a-
uoir publiquement reietté la defenſe de Chriſt & de ſon
Euangile, il ne tombaſt ſous la vengeáce du Dieu viuant:
neantmoins ſes amis inſiſtoyent à ce qu'il ne miſt point en
danger ne ſa perſonne, ne ſes amis, ne ſes enfans, ne ſes do-
meſtiques: veu qu'il ne falloit qu'vne petite heure pour re
citer ce breuet qu'il auoit apporté, pour ſe deliurer du dan
ger pour l'aduenir, & tous les ſiens, & pour côſeruer ceux
qu'il eſtimoit ſes amis: qu'il n'eſtoit plus en ſa liberté quãd
il voudroit, de ſe reculer de ce que non ſeulement il auoit
commencé, mais auoit deſia pour la plus grãd part acheué:
qu'il n'auoit point moins acquis d'infamie par la confeſſion qu'il auoit faite de ſon propre gré à Veniſe deuant le
Legat, que s'il acheuoit tout: & que plus grand inconuenient & dommage luy aduiendroit, s'il n'accompliſſoit
point ce qui luy auoit eſté enioint . Car il ne ſe deliureroit
point de l'ignominie qu'il auoit deſia acquiſe: & auec cela
il mettroit en abandon tous ſes biens & ſa famille . Quel
beſoin eſt-il d'en dire dauantage? l'entendement de ce miſerable fut ſurmonté, & toutes ſes penſées eſperdues : en
ſorte que finalement il accomplit ſa deſloyauté & impieté.
Il recite donc publiquement & en grande aſſemblée de ci-
toyens & voiſins, ce qui eſtoit contenu en ce beau billet:
auquel nul ne pourra croire facilement combien il y auoit
d'impieté & d'outrage contre la doctrine de Ieſus Chriſt,

Nul mettant la main à la charrue & re-gardãt derrie-re ſoy n'eſt di-gne du royau-me de Dieu.

L.

si on considere à quelle fin cela estoit escrit. Car en ces cho
ses tout s'y fait a si bon escient, d'vne telle prudence, astu-
ce, diligence & affection, comme s'il estoit desia persuadé
& certain que le regne & la gloire de Iesus Christ peust
estre esteinte par ces moyens. Mais le Seigneur se moque
d'enhaut de ceste audace arrogante & enragée. Apres
donc q̃ Spera eut leu ces belles lettres, & estãt retourné en
sa maison, ne peut oncques puis reposer vne seule heure,
non pas vne seule minute de temps, ne sentir aucun allegement de l'angoisse qu'il auoit en son esprit : & mesme
dés ceste nuit-la il fut tellement estonné, & eut si grãd hor
reur de la meschante impieté qu'il auoit commise, qu'il ne
doutoit plus, qu'il ne fust detenu sous la vengeance du
Dieu viuant. Car (ainsi que luy-mesme confessoit) il voyoit clairement deuant ses yeux tous les tormens, toutes
les peines des enfers & des damnez : il oyoit prononcer
cõtre soy l'horrible & espouãtable sentẽce de Iesus Christ,
auquel le Pere a donné toute puissance & iugement : d'autant que par sa bouche meschante & infidele il auoit desauoué Christ deuãt les hõmes, il cognoissoit aussi que Christ
l'auoit desauoué & reietté : & ne falloit plus qu'il s'atten-
dist auoir accés au Pere par l'intercession & grace de son
Fils. Depuis lequel temps veu qu'il estoit tombé en grand
& extreme desespoir de courage, il ne peut auoir aucun espace ne loisir, auquel son esprit ne fust agité de rage : &
ce perpetuel horreur qu'il auoit, luy ostoit tout repos. Il e-
stoit tourmenté iour & nuit à cause de son peché enorme,
qu'il

Vraie tentation
du conseil des
meschans.

Spera approché
de la vengean-
ce de Dieu.

qu'il auoit incessamment deuant ses yeux, accompagné de
vne tres-certaine attente de peines & tormens . Cest
inconuenient fut si grief à tous ses amis & domestiques,
qu'aucuns se repentoyent grandement de ce que par leur
exhortatiõ ils auoyẽt esté cause d'vn si grand mal:mais les
autres, ausqls le Seigneur auoit esblouy les yeux de l'en-
tendemẽt, à ce qu'ils ne peussent voir ne cognoistre que ce
fust vne œuure de iuste iugement,pensoyent qu'il auoit ti-
ré vne partie de ceste maladie, d'vne colere ou melancolie
extreme, par laquelle il estoit deuenu si fort & si soudainement troublé de l'entendement,& pres-que enragé.
Parquoy apres que d'vn costé &d'autre on eust fort dispu-
té de l'aucture de ce poure mal-heureux, tous ses amis finalement prindrent cõseil ensemble,qu'il n'y auoit riẽ plus
expediẽt que de l'enuoyer à Padoue,pource qu'il sembloit
auoir grand besoin, tant de l'aide des medecins que des
sainctes admonitions de gens de bien & sauans:car il y a-
uoit abõdãce des vns & des autres en ceste ville-la. Ainsi
apres que tout le cas fut appresté,il fut mené à Padoue,ac
cõpagné de sa fẽme,aucuns de ses enfans, & quelque peu
de ses amis . Là il fut logé en la maison d'vn citoyen de la
ville,homme honorable,nommé Iaques Ardin.On luy fait
appeler des medecins:à sauoir Frismedica,Bellocatus, &
Paul Crassus,qui estoyent les trois les plus excellẽs mede
cins qui fussent en la ville de Padoue pour lors : afin qu'ils
regardassent qui estoit la cause de sa maladie,& quel re
mede on pourroit trouuer pour le guarir:& cõsiderassent

Spera est me-
né à Padoue.

I. ii.

bien sa face & les autres parties, desquelles les medecins
ont accoustumé de recueillir certains signes & indices : ou
donnassent quelque fois aucun remede , selon leur sauoir
& experience grande , pour soulager son mal , ou pour le
moins pour l'adoucir . Lesquels apres auoir diligemment
consideré le tout , & debatu quelque temps entre-eux de
tout son affaire , confessoyent qu'ils n'auoyent rien de certain pour mettre en auant de sa maladie : toutesfois qu'il
estoit vray-semblable que l'esprit de ce poure homme e-
stoit tellement troublé d'vne trop haute, & profonde cogi
tation de son forfait, que les mauuaises humeurs estoyent
toutes esmeues: de laquelle emotiõ les vapeurs & fumées
estoyent montées iusqu'au siege de la raison & de la fan-

Opinion des
medecins tou-
chant la mala
die de Spera.

tasie: par lesquelles le iugement estoit embrouillé: & qu'ils
ne voyoyent rien plus expedient pour le present , que les
intestins fussent adoucis par quelques gracieux remedes:
à fin que le ventre estant lasché , aussi quelques mauuaises
humeurs fussent mises hors , & que par ce moyen il fau-
droit necessairement que ces fumées qui luy montoyent au
siege de la fantasie , fussent aucunement assopies , apres
la detraction de la cause ou de la matiere mesme. Mais encore ne profiterent-ils de rien en ceste sorte, & n'en essay-
erent rien aussi à bon escient : car ils cognurent que ce miserable n'estoit point tant malade du corps que de l'ame.
Car en toutes autres choses & propos , il parloit & iu-
geoit grauement & constamment, en sorte que nul de ceux
qui auoyent au parauant familierement frequenté auec
luy,

luy, ne pouuoit cognoiftre ou que la viuacité des fes luy fuft
diminuée, ou que la vertu de fa raifon fuft debilitée en for
te quelconque. Il n'auoit autre maladie que cefte angoiffe
d'efprit, comme il le monftroit affez clairement, de ce qu'il
cognoiffoit qu'il eftoit priué de l'efperance de la vie immor
telle, & deftiné à grans & griefs tormens apres cefte vie
par iufte iugement de Dieu: d'autät qu'il auoit renié Iefus
Chrift tant malheureufement. En quoy perfeuerant toufiours, plufieurs furent efmeus, tant par l'horreur du fait,
que par compaffion qu'ils auoyent de ce miferable patiët.
Pour cefte caufe grande cöpagnie de gens venoyent tous
les iours en cefte maifon ou il eftoit malade : vne partie de
gens curieux, vne partie auffi de gens fideles, qui auoyent
affection d'induire Spera par tous les moyens & raifons
qu'ils pourroyët, à bien efperer de la mifericorde de Dieu.
Et moy mefme ay efté prefent à fes propos, auec aucuns
perfonnages fauans & graues : & premierement ie com-
mençay à confiderer l'aage & la face de ceft homme. Or il
auoit (côme il me fembloit) enuirö cinquäte ans, auquel aage nous auons accouftumé de conftituer la plus gräde gra
uité, le plus grand vfage de raifon & de iugement, & la
plus grande excellence qui peut eftre en vn homme naturellement durant cefte vie mortelle . Car il femble que les
hommes alors font loin tant de la chaleur & inconftance
de ieuneffe, que du refroidiffement & radottement de
vieilleffe . Apres auoir diligemment contemplé ceci, ie con-
fideray auffi beaucoup plus attentiuement fes propos: ef-

*Diuerfes for-
tes de gens vi-
firent le poure
malade.*

I.   iii.

quels ie m'esmeruellay principalement de ceci: que rien ne
sortoit de sa bouche qui fust dit legerement ou sottement,
ne qui mōtrast aucun signe de resuerie en son entēdement
ou iugement: combien toutesfois que tous les iours il de-
uisast de choses graues & d'importance auec gens doctes:
& mesme qu'aucuns proposassent des questions difficiles
à expliquer & obscures, tirées des profōds secrets des sain
ctes Lettres. Or ie veux bien reciter en bref aucuns de ces
propos qu'on eut auec luy, du temps qu'il estoit malade à
Padoue de ceste maladie. Et principalement cestuy-ci: qu'
il voyoit au milieu des tormens qu'il auoit en l'esprit, &
specialement de ce crime, la vengeance du Dieu immortel,
certaine & appareillée contre son impieté, & le peché
horrible qu'il auoit commis: d'autant qu'il sentoit bien en
soy que les choses que Dieu a données aux autres, pour la
delectation des esprits, & pour bien & heureusement vi
ure, auoyēt toutes conspiré cōtre luy en despit de ce forfait

Toutes choses
nuisent au
meschant.

execrable. Car combien (disoit-il) que Dieu pour vn grand
benefice eust promis à plusieurs saincts personnages belle lignée & grāde quantité d'enfans, en l'amour & obeis
sance desquels ils peussent reposer leur vieillesse, & qu'il
n'y eust rien en ceste vie, en quoy le genre humain eust plus
douce iouissance qu'és enfans: toutesfois au milieu de ses
grās maux, il n'auoit point moins en horreur les faces &
mains de ses enfans, que de bourreaux. On ne pourroit as
sez exprimer cōbien grande angoisse & fascherie, & combien grans tormens ses enfans luy faisoyent tous les iours
　　　　　　　　　　　　　　　　　　　　　　　　quand

quãd ils luy apportoyẽt à mãger: non seulement cõtre son
gré,mais bien souuent le faisoyent mãger par force, & le
menaçoyent quãd il refusoit les viãdes : ainsi disoit-il, &
interpretoit que ses enfãs luy faisoyẽt deuoir d'enfãs. car
ils voyoyent leur pere en ces angoisses extremes,& ne se
pouuoit faire qu'eux mesmes ne fussẽt rẽplis de grãde tri
stesse.Ils voyoyent,di-ie,qu'il reiettoit totallemẽt ce q luy
pouuoit retenir la vie & l'esprit dedens son corps misera
ble:& pourtãt ils estimoyent faire leur deuoir & office d'
enfans,si au milieu de tãt de maux il appliquoyent toute
leur affection & solicitude:afin que leur pere peust sentir
quelq allegement en sa maladie,ou peust estre reuoqué de
sõ opiniõ obstinée.Lesquelles toutes choses ce miserable &
mal-heureux Spera prenoit toutesfois en mauuaise part,
disant qu'il ne recognoissoit plus Dieu pour Pere , ains le
craignoit cõme ennemi & plein de vengeance.Car il auoit
desia perseueré plus de vingt iours en ceste obstinatiõ d'es
prit:cõbien que cependãt il ne print oncques viãde ne breu
uage,sinon ce qu'on luy faisoit entrer à force par la bouche,& qu'il prenoit à grande difficulté:& y resistoit tant
qu'il pouuoit, ce que toutesfois il auoit accoustumé de iet-
ter hors,& le cracher. Voyans faire cela souuent deuant
nous , nous pensasmes & iugeasmes que c'estoit fait de sa
vie:toutesfois qu'il falloit penser du salut de son ame,par
quelque moyen que ce fust,& de l'esperance de la vie immortelle. Et pourtant apres auoir entẽdu qu'il estoit plon
gé en vn si profond desespoir,qu'il ne pouuoit estre esmeu

Le pecheur
tient Dieu
pour ennemy.

par prieres quelconques de ses amis , ne par aucunes admonitions de saints personnages : aucuns de ceux qui assi-
stoyët là, penserent pour le meilleur, que s'il se pouuoit faire, on le destournast de son opinion , luy proposant l'horreur & crainte des tormens eternels. Aucuns donc l'inter-
rogoyent s'il ne craignoit point de plus aspres & plus
grans tormens apres ceste vie, que ceux qu'il sentoit encore
en ce mõde. Ausquels il respondit que bien estoit vray qu'
il en attendoit de beaucoup plus durs & violens, & les a-
uoit desia en horreur: toutesfois qu'il ne desiroit & ne sou-
haitoit rien mieux, que d'estre finalement amené à ce, que
quand il y seroit venu, il sauoit bien qu'il n'auroit plus rien
à craindre qui fust plus grief. On luy fit encore vne autre
demande, s'il estimoit que son peché fust si grand & enor
me, qu'il ne peust estre pardonné par la clemence & bonté
infinie de Dieu. Il respondit qu'il auoit peché cõtre le S. E-
sprit: lequel peché estoit si grand de soy, qu'és sainctes Escritures il est appelé Peché à mort: c'est à dire astraint à la
vengeance eternelle de Dieu, & aux peines d'enfer.   Et
de ceci certes, ce poure malheureux parloit beaucoup cõtre
soy mesme trop bien & subtillement. Toutesfois les gens
sauans & fidelles qui assistoyent là, ne laisserent vn seul
passage, duquel on puisse rẽdre clair tesmoignage de la cle
mence de Dieu, de sa benignité & facilité à pardonner.
Mais ces tesmoignages ne le pouuoyent oster de son opinion: & ne pouuoit-on autre chose arracher de luy, que ceci, qu'il voudroit bien & desiroit fort, qu'il fust en sa puis-

Le miserable souhaite le cõble de sa ruine

sance

ſance de pouuoir retourner à quelque eſperãce de pardon:
mais il diſoit qu'il luy aduenoit en ſa miſerable & mal heu
reuſe cauſe,ce qu'a accouſtumé d'aduenir à ceux qui eſtans
detenus en vne priſon bien ſerrée,& enferrez de chaines,
ſont ſaluez par leurs amis paſſans, qui les admonneſtent
de rompre leurs liens s'ils peuuent,& de deceuoir les ge-
olliers pour ſortir hors. Il ne faut point douter que ceux
qui ſont ainſi ſerrez & garottez, ne deſiraſſent grandement de ſe depeſtrer:toutesfois ils ne ſe peuuent deliurer.
Quant à tous les teſmoignages des ſainctes Eſcritures,
que les autres luy amenoyent fidelement,ſainctemét & de
bonne affection,touchant la debonnaireté & demence de
Dieu,à cauſe de ſon Fils Ieſus Chriſt,il confeſſoit bien qu'
il les auouoit & approuuoit:mais cependant eſtimoit que
ils appartenoyent ſeulement à ceux qui eſtoyent du nombre de ceux que Ieſus Chriſt reputoit pour ſes freres bien
aimez: mais que luy auoit renoncé toute amitié,& de ſon
propre gré reietté toute alliance fraternelle: & qu'il n'i-
gnoroit point en combien grande tranquillité & repos aſ
ſeuré d'eſprit pouuoyent eſtre ceux qui auoyent vne fois
embraſſé les treſcertaines promeſſes de Ieſus Chriſt, &
ſe repoſoyent perpetuellement en icelles: & pour la confir
mation de toutes ces choſes, ce triſte inconuenient qui luy
eſtoit aduenu, eſtoit propoſé deuant les yeux d'eux tous
comme pour exemple:lequel(s'ils eſtoyẽt ſages)ils ne deuoyent eſtimer comme vne choſe legere,ou vn cas fortuit:
mais apprendre par ſon mal & ruine quel danger il y a

K.

de chanceller ou diſſimuler par quelque moyen és choſes qui appartiennent à la gloire de Chriſt . Il diſoit que
c'eſtoit vn lieu & paſſage fort gliſſant,& fort dägereux
à tōber, duquel ne pouuoit eſtre loin celuy qui ne marche-
roit & ſe tiendroit ferme. Dauantage d'autant moins que
telſ exemples clairs du iugement & vengeäce de Dieu ſe
preſenteroyēt deuāt les yeux des hōmes, d'autāt plus dili
gemment & attentiuement les doit-on conſiderer.Car au

Les exemples rares de deſeſpoir ſont tant
plus à conſide
rer.

milieu d'vn ſi grand nombre de reprouuez,il n'eſtoit point
cōme en vne cauſe & calamité particuliere:mais puis qu'il
y en a bien peu qui ſoyent eleus de Dieu à la vie immortelle,& pluſieurs,voire vn nombre infini de ceux qui ſont re-
iettez:Dieu iuſte iuge,a eu aſſez en ce tēps de la punition
& ruine de luy ſeul,pour en dōner exēple à pluſieurs . Et
en cela il diſoit qu'il ne ſe pouuoit nullement plaindre de la
ſeuerité du iugemēt de Dieu d'autāt que Dieu auoit pluſ
toſt voulu propoſer ſon torment que de quelque autre : à
ce qu'on ſe donnaſt garde de toute impieté : cōme ainſi ſoit
qu'il confeſſaſt qu'il n'y auoit ny infamie,ny aſpreté,que
il n'euſt bien meritée pour vn forfait ſi enorme. Apres a-
uoir ſur ceci traité pluſieurs bōs & graues propos de la iu
ſtice diuine, il adiouſta encore ceci,qu'il ne ſe falloit grāde-
mēt esbahir s'il auoit ſi lōguement parlé de la vraye raiſon
de la volonté de Dieu:veu meſme que Dieu a ſouuent accouſtumé arracher de la bouche des reprouuez,des teſmoi
gnages treſ-veritables de ſa maieſté,de ſa iuſtice & iuge-
ment.Car il tira bien par force de la bouche de Iudas, lequel

quel trahit mal-heureufement Iefus Chrift, & la confef-
fion de fon propre peché & tefmoignage de la iuftice &
innocence de Chrift. Tenant plufieurs propos fur cefte fen
tence,& voulant monftrer quel abyfme c'eftoit que des iu
gemens de Dieu,& quelle profondité incognue aux hom
mes,il difoit qu'il y en auoit aucuns,aufquels toutes chofes
venoyent tellement à fouhait en cefte vie, qu'ils viuoyent
en toutes delices, en grande oifiueté & affeurance en eux
mefmes: comme ayans obtenu la vraye beatitude:& toutesfois par la prouidence de Dieu eftoyent deftinez aux
tormens perpetuels:defquels S.Luc auoit peint l'exemple
& l'image en fon Euãgile,en celuy qu'il propofe iouiffant
de toutes delices & chofes defirées durant fa vie : & que
Dieu propofe fouuent vne efperance de loyers au genre
humain , pour les attirer à auoir bonne opinion de fa fain-
te volonté: bien fouuent auffi il le deftourne de toute impieté par prodiges & fignes efpouantables . Et touteffois (côme l'impieté eft naturelle aux hommes)ils ne veulent point recognoiftre ces chofes pour exéples,& ne pen-
fent point que riê de tout cela leur appartienne: & mefme
on en trouuera aucuns qui oferont bien prononcer cefte pa
role pleine de blafpheme execrable, que nul de ces fignes
n'aduient qu'il ne foit fait par la vertu mefme de nature.
Et fur ce propos il fit vne afpre inuectiue contre vn certain Philofophe ,lequel il auoit cognu plus de vingt ans
auparauant, lequel il difoit auoir efté fi impudent, de dire
voire efcrire pour vne verité,que tous les miracles que Ie-

Iudas rend tef
moignage à l'
innocence de
Chrift.

Blafpheme d'
vn Philofophe

K. ii.

sus Christ auoit faits en terre, pourroyent bien aussi estre
faits par vn homme qui seroit sauant és choses naturelles.
Il nommoit bien ce personnage : mais pource qu'il ne m'est
point necessaire de le nommer, ie ne le feray pas aussi . Or
on ne pourroit dire ne penser en quelle admiration estoyent rauis , & de quelle compassion estoyent esmeus ceux
qui le venoyent visiter , pour ces propos & autres qu'ils
luy oyoyët tenir. Il n'y eut personne de tous ceux qui le ve
noyent voir, qui ne s'efforçast de grande affection & soli-
citude à ramener ce poure hôme à la fiance de salut. Mais
sur tous autres, il y en auoit vn qui estoit homme de grande saincteté & innocence , lequel estoit presque tousiours
aupres du lit du malade. Cestuy-ci ne cessoit de l'exhorter:
& luy repetoit souuent des tesmoignages de la saincte Es
criture , essayant si par quelque moyen il pourroit esmouuoir l'esprit de ce poure Spera . Il le prioit affectueuse-
ment par l'amitié qu'il luy portoit , par le desir qu'il auoit
enuers ses enfans, & autant que son salut luy deuoit estre
precieux, qu'il eut esgard à soy-mesme, qu'il imprimast en
son esprit l'esperance & la fiance de salut qui est par Iesus
Christ: luy remonstrant qu'il ne luy sembloit pas auis que
son esprit fust du tout vuide de quelque bonne inspiration
celeste, veu qu'il parloit si sainctement & religieusement
de la diuinité de la religion Chrestienne. Ce mal-heureux
Spera, combien qu'il cognust que ces paroles procedassent
d'vn cœur vrayement ami & entier: toutesfois pource qu'
il les auoit souuent repoussées & reiettées , il en fust aucunement

cunement fasché. Celuy qui parloit ainsi à luy, c'estoit Pier
re Paul Vergerius Euesque de Capodistrie, celuy qui estoit
quasi tousiours aupres de son lict: & ne pense poit luy fai
re tort en le nommant. Ie say qu'il n'a point honte des ser
uices Chrestiens qu'il a fait à ce miserable Spera, iusqu'à
son dernier souspir: comme aussi il n'a point honte de l'E-
uangile, ne du bannissement qu'il endure à cause de Iesus
Christ. Il respondit donc à Vergerius, I'ay ceste fantasie
que tu penses que ie nourri de mon propre gré ceste obstination en mon esprit, & que ie prenne plaisir en ceste forte
opinion de desespoir. Que si tu le penses, tu es bien loin,
certes, de ton opinion. Ie di seulement ceci (à fin que tu
puisses recueillir combien m'est plaisante ceste cogitation de
ma ruine) que si ie me pouuoye persuader que le iugement
de Dieu peust par quelque moyen ou estre changé en
moy, ou bien adouci, ie seroye content estre tormenté, voire dix mille ans, de peines d'enfer exquises & tres-grie-
ues: afin que quelque certaine esperance de repos me fust
monstrée pour le reste du temps. Mais en cela mesme (dit-
il) à quoy vous m'exhortez à reprendre esperance en mon
esprit: en cela mesme (di-ie) ie voy principalement que tou
te attente de salut & de pardon m'est ostée. Car si les tesmoignages de la saincte Escriture ont quelque authorité
(comme certes ils ont) comment pensez-vous que ceci ne
soit ferme, que dit Iesus Christ, Qui m'aura nié deuant
les hommes, ie le nieray aussi deuant mõ Pere? Ne voyez-
vous pas que cela m'appartient, & qu'il est comme parti-

Pierre Paul
Vergerius.

K. iii.

culierement esprouué en ma personne? Que iugez-vous
de ce qui doit aduenir à celuy que le Fils aura desauoué
deuãt le Pere,veu que vous auez ceste certaine persuasiõ
qu'il ne faut esperer salut en autre nom q̃ de Iesus Christ?
Que direz-vous de ce qui est escrit au vi.des Hebrieux?
ne pensez-vous point que cela soit escrit par quelq̃ esprit
diuin , à ceste fin que si moy ꝫ quelques autres tombent
en telle impicté si execrable , il ne faut point qu'ils atten-
dent autre chose que le iuste ꝫ rigoureux iugement de
Dieu? Que veut dire aussi ce qui est escrit au x. de ceste
mesme epistre? N'est il pas là dit que nul sacrifice ou pardon ne reste plus pour les pechez de tels infideles comme
ie suis? Or l'Apostre parle de moy,il p̃nõce ceste sentẽce cõ
tre moy. Aussi S.Pierre a escrit de moy en sõ Epi. qu'il val
loit mieux ne cognoistre la verité,qu'apres l'auoir cognue
ꝫ receue,la reprouuer ꝫ delaisser . S'il est meilleur de ne
l'auoir point cognue,ꝫ toutesfois il y a certaine condam-
nation en cela : ne voyez-vous point que moy qui ay renié la verité de mon propre gré , doiue attendre non seulement la dãnation eternelle: mais quelque chose pire que
la damnation,si pire y a? Certes il est incroyable de quelle
grauité ꝫ vehemence vsoit ce malheureux en parlant, ce
que plusieurs aussi disoyent alors:en sorte qu'on n'ouit iamais homme mieux parlant en sa cause,q̃ Spera se monstra
contre soy-mesme en ces disputations . Il alleguoit beaucoup de choses de la iustice diuine:il accusoit ꝫ detestoit sa
vie passée:il admonnestoit diligemmẽt tous ceux qui assi-

ſtoyent,de ne penſer point que ce fuſt vne choſe legere ou
facile,de faire vrais actes de Chreſtien:que toutes les cho
ſes de la religion Chreſtienne ne conſiſtent point en ce qu'
aucun ſoit baptiſé,qu'il liſe l'Euãgile,qu'il ſe vante d'eſtre
certain de ſon ſalut à cauſe de Ieſus Chriſt: ia ſoit que ces
choſes fuſſent les principaux articles: mais eſtoit beſoin d'
auoir vne certaine cõformité de vie . Il amenoit ce paſſage
de S.Pierre,que nous deuõs tant faire que par innocence

Il faut que les
bonnes œuures
teſmoignent
de la foy.

& ſainéteté de vie monſtrions des ſignes certains de la vo
lonté de Dieu enuers nous,& de la fiance que nous auons
enuers luy . Il diſoit ſur cecy qu'il en auoit veu pluſieurs,
leſquels apres auoir receu les promeſſes Euãgeliques,s'a-
donnoyent puis apres à vne trop grande nonchalãce,de la-
q́lle puis apres procedoit vne trop grande pareſſe & oiſi-
ueté,qui les rendoit tardifs & laſches à faire ce qui eſtoit
requis à vnChreſtiẽ.Il affermoit qu'il auoit luy meſme ex-
perimẽté cela en ſa vie,s'eſtãt perſuadé que ſes pechez e-
ſtoyẽt cachez,& que la punitiõ d'iceux ne ſeroit exigée de
luy,veu queChriſt en auoit ſatisfait:mais maintenãt qu'il
cognoiſſoit trop tard que ces choſes appartenoyent aux eſ
leus deuãt les pechez,deſquels Ieſus Chriſt met ſon ſang
& ſa mort comme vn voile pour les cacher: & le met au
deuant des vagues de la vengeance diuine comme vn rem
part: à fin que les hommes miſerables ne ſoyent accablez
à cauſe de la grandeur & multitude de leurs pechez.
Mais quant à luy,veu qu'il auoit nié Ieſus Chriſt,il auoit
par maniere de dire,demoli ce rẽpart de ſes propres mains:

par lequel il pouuoit estre en seurté, de laquelle ruine ceste grande innondation d'eaux estoit paruenue iusques à
son ame. Là il y en auoit vn entre ceux qui y estoyent pour
lors, qui auoit eu auparauant grande familiarité auec Spe
ra: lequel luy disoit qu'il ne pensoit point qu'il y eust autre
cause de son torment si vehement, qu'vne grande abon-
dance de melancolie, par la vertu de laquelle il auoit perdu
l'entendement. Or Spera se souuenant auoir desia par plu
sieurs fois & beaucoup de paroles repoussé ceste opinion,
& voyāt qu'en cela il n'auoit encore rien profité, dit à cest
ami, Tu en penseras ce qu'il te plaira, puis que tu le veux:
toutesfois l'ire & la vengeāce Diuine à l'encontre de moy
apparoist, en ce que Dieu m'a osté l'entendement & l'v-
sage de raison: en sorte que ie ne puisse auoir ne bonne opi
nion ny esperance de mon salut, comme il appartient. Ce
seroit vne chose trop longue, voire presque sans fin, de
poursiuyure toutes les choses que ce miserable & tresmal-
heureux Spera prononça de sa propre bouche, en ce peu de
tēps qu'il fut malade à Padoue: qui ne fut point sans grād
esbahissement de plusieurs, ou plustost estonnement. Mais
pource que d'autres, qui ont souuent assisté à ces propos,
en ont escrit en diuerses & plusieurs sortes, tant en langue Latine qu'Italienne, ce m'a esté assez pour ce temps
de recueillir principalemēt les choses qui ont esté debatues
lors que i'y assistoye. Car les propos de Spera & de ceux
qui le venoyent visiter, estoyent de telle sorte, qu'vne mes
me chose n'estoit iamais dite deux fois: & luy mesme ne
reiteroit

reiteroit *& ne repetoit rien de ce qu'il auoit dit , non pas
lors mesme qu'on proposoit vne mesme chose pour essayer
sa memoire. Tels (di-ie) ont esté ces propos , qu'ils ont peu
fournir assez ample & diuerse matiere d'escrire à ceux
qui cussent voulu mander des lettres. Et moy-mesme cer
tes en ay rencontré ces iours passez aucunes de ceste sorte,
escrites par gens sauans & fideles: non point qu'il y eust
quelque diuersité ou différence entre ce qu'ils en ont escrit
& ce que nous en auons traité: mais plustost c'estoyent
autres propos & côferences , comme celles qu'il auoit peu
tenir auec d'autres & en vn autre temps. Toutesfois on
peut facilement cognoistre ceci d'entre tout le reste , qu'il
n'y eut pas vn de toute ceste gràde multitude de gens qui
ne fust de ceste opinion, & qui ne confessast ceci: à sauoir,
qu'il n'y eut iamais exemple du iugement de Dieu plus
certain ne plus redoutable contre l'impicté ou inconstance
des hommes, proposé deuant les yeux d'iceux.

EXEMPLE DV DESESPOIR
D'VN DOCTEVR NOMME KRAVS
de Halle, attesté par M. Luther.

Duint en l'an de nostre Seigneur mille cinq cës
vingtsept, qu'vn docteur fort renommé par
toute l'Alemaigne, nommé Kraus, qui auoit
esté entre les premiers qui faisoyent profession de la verité de l'Euangile, tomba en tel desespoir que publique-

Au commentaire de Luther sur l'Ep. aux Gal.

L.

ment il difoit ces paroles, I'ay renié Iefus Chrift, &par-
tant il eft maintenant deuant Dieu fon Pere, & m'accufe.
Il eftoit fi auant venu en cefte perfuafion, & fi fort luy
auoit imprimé Satã ce defefpoir par fes illufions & tenta-
tions, qu'il n'admettoit ne confolation, ny admonition que
on luy feut dõner, ayant en la bouche les paroles fufdites:
de forte qu'en ce miferable defefpoir il fe tua mal-heureufement. Ceux qui l'auoyẽt cognu en furent merueilleufe-
ment eftonnez : ayant cognu en ce perfonnage vn horrible
iugement de Dieu: & que depuis auoir renoncé à la verité, il s'eftoit forgé vn autre Iefus Chrift que celuy que la
faincte Efcriture nous propofe . Car ayant au parauant
cognu Iefus Chrift en fon propre office de moyenneur, ad-
uocat, confolateur & fa"uueur, l'ayant renoncé il l'appre-
henda & fe propofa pour accufateur & partie aduerfe
deuãt Dieu. De telle apprehenfion de Iefus Chrift quelle
autre iffue & conclufion doit-on attendre finon vn defefpoir efpouantable? Telle donc a efté la fin des grandes
eftudes & du fauoir ambitieux de ce perfonnage Kraus
docteur de Halle.

DV CARDINAL CRE-
fcence, Legat du Pape:& de fa mort.

'An M. D. L I. apres que le Concile de Trẽ-
te fut reftabli & remis en train, le Cardinal
Crefcence, homme de grande entreprife, y fut
enuoyé

enuoyé Legat , pour y presider au nõ du Pape:ayãt pour
adioints l'Archeuesque de Siponto, & l'Euesque de Verone. Apres auoir fait choses & autres contre ce qu'il a-
uoit cognu & entendu, pour maintenir le regne de l'Antechrist, finalement il tomba malade, ayant esté effrayé
(chose attestée & escrite par gens dignes de foy)de quelque esprit qu'il vit de nuict:tellement qu'il prind fantasie
comme par desespoir,qu'il n'eschapperoit iamais,quelque
consolation que ses familiers & les medecins(qui de tous
costez estoyent accourus pour luy subuenir)luy pensassent
dõner.L'occasion de cest effroy,qui causa la maladie,pour-
roit sembler forgée ou controuuée pour le faire hair,n'e-
stoit que ses amis mesmes & familiers : ceux, dy-ie, qui
l'ont voulu consoler en sa maladie, l'eussent ainsi racontée
& testifiée. c'est que le XXV. iour de Mars M.D.LII,
il auoit esté fort empesché a escrire & depescher affaires
pour enuoyer au Pape,& auoit trauaillé iusqu'à la nuict.
Lors qu'il se pensa leuer pour vn peu se recréer , il luy fut
aduis qu'vn chien noir de grãdeur excessiue,aiãt les yeux
flamboyans & les oreilles pendantes iusques en terre,
entroit, & tiroit droit à luy, & puis s'esuanouissoit dessous la table. A l'instãt il fut tout esperdu & pasmé,mais
estant reuenu à soy il s'escria,& appela ses seruiteurs qui
estoyent en la chambre de deuant , & leur commanda de
cercher le chien auec la lumiere. Mais comme il ne se trou
uoit là, ny mesme en la chãbre d'aupres,il eut encore plus
forte apprehension , tellement que la maladie se rengre-

L. ii.

geoit de plus en plus , de forte qu'eftant prochain de la
mort il crioit fouuent à fes gens, qu'ils chaffaffent le chien
qui montoit fur le lict. En ceft eftonnement ☞ apprehenfion defefperée il mourut en la ville de Verone , ☞ telle
fut liffue de fes grandes entreprifes, ☞ du reftabliffemēt
de l'affemblée de Trente, penfant remettre fus la doctrine
du Pape, ☞ l'autorifer pour toufiourfmais par autorité
de Concile general.

TOVCHANT VN THEOLO-
gien nommé M. Guarlach.

EN la ville de Louuain , qui eft vniuerſité au
pais de Brabant, il y auoit vn perfonnage nō-
mé M. Guarlach , lequel ayant eftudié en
Theologie , fut retenu à penfion en l'abbaye de fainĉte
Gertrude , pour faire leçon en Theologie . Apres
qu'il eut quelque temps efté en ladiĉte abbaye, s'eſtāt du
tout adonné à complaire aux Theologiẽs de la faculté de
Louuain, fut frappé d'vne maladie mortelle , en laquelle
il eut de grans regrets ☞ fouſpirs : ☞ fe fentant plus
pres de fa fin, cōmença à declarer ces fouſpirs ☞ regrets,
☞ dire paroles efpouantables, que gens defefperez ont
accouſtumé de proferer:☞ continua a s'efplourer auec pa
roles lamentables , affauoir qu'il auoit malheureuſement
vefcu , ☞ qu'il ne pouuoit fouſtenir le iugement de Dieu,
d'autant qu'il cognoiffoit que fes pechez eſtoyent fi grans
que

que iamais il n'en pourroit obtenir pardon: de sorte qu'en
ceste destresse il mourut accablé d'vn horrible desespoir. Ce
fut le beau fruict & la belle recompense de son estude en
la Theologie scholastique : en laquelle le principal poinct
qu'il auoit appris, c'estoit de se desesperer & se defier de
la bonté & misericorde de Dieu.

M. ARNOVL BOMEL LI-
centié en Theologie de l'vniuersité
de Louuain.

Aistre Arnoul Bomel en sa premiere ieunesse
auoit esté tresbien institué és sciences humaines, & auoit bonne opinion de la vraye reli-
gion:mais quand il commeça à suiure l'estude de la Theologie de Louuain, au lieu qu'il auoit esté d'vn bon naturel,
il deuint du tout changé & aliené de ceste premiere inte-
grité. Ce changement luy aduint bien tost apres qu'il se
fut rendu en certain college qui se nomme à Louuain le
College du Pape, d'autant que le Pape Adrian VI. en est
dit le fondateur, duquel college pour lors estoit principal
vn licetié en Theologie nommé Tilman. Ce maistre Tilman entre les principaux poincts de sa deuotion & de sa
venerable Theologie, auoit cestui-ci en singuliere recom-
mandation, que c'estoit presomptiõ de s'asseurer de la misericorde de Dieu, & que partant pour se tenir debout,
il en falloit douter. Ce personnage Bomel oyoit souuent

de son principal ces paroles accoustumées, & plusieurs
autres choses puisées de la desesperée doctrine Papistique
& scholastique, lesquelles eussent peu facilement esbran-
ler l'esprit bien disposé de ce ieune homme : tellement qu'il
commença à entrer en doute & desespoir de son salut. Il
côbatoit ordinairemêt côtre ces doutes & difficultez, iusqu'à ce que finalement il fut veincu. Il aduint vn iour qu'il
sortit hors de la ville de Louuain, comme pour se pourme
ner, estant accompagné de trois autres escholiers, qui e-
stoyent aussi sortis auec luy. Et apres qu'ils se furent assez pourmenez, ainsi qu'ils s'en retournoyent en la ville,
Bomel s'asseit aupres d'vne petite fontaine, comme pour
se reposer quelque peu en ce lieu-la. Or ses compagnons
alloyent vn peu deuant, pource qu'ils ne pouuoyent auoir
mauuaise soupçeon de luy, pensans qu'il eust pris plus de
recreation. Cependant Bomel tira secrettement vn cou-
steau qu'il auoit, & se frappa en la poictrine bien a-
uant. Les escholiers qui s'estoyent arrestez, apperceurent
peu à peu que ledict Bomel se laissoit couler contre terre:
& virent la fontaine rougir du sang qui decouloit occul-
tement de ceste blessure. Ils s'approcherent de luy auec
grande frayeur, & le regarderent par tout le corps : &
quand ils eurent cognu ce qu'il s'estoit fait, ils l'empoigne-
rent ainsi nauré qu'il estoit, & le menerent en vne maison
qui estoit prochaine de là. & combien qu'ils fussent en
doute si la playe estoit mortelle, tant y a qu'ils l'exhor-
toyent à se repentir de ce qu'il auoit fait. Iceluy monstroit
bien

Voila que c'est
d'estre audi-
teur de mau-
uaise doctrine.

bien quelque figne de repentance, tant par contenãce ex-
terieure, que par fa voix: nonobftant cependant qu'on attendoit quelque chofe meilleure de luy, ayãt apperceu vn
couſteau pendant à la ceinture de l'vn de ceux qui là e-
ſtoyent pres de luy, il le faifift viftement, & s'en donna
vn grand coup dedans l'eftomach, & s'en frappa iufques
au cœur: & ainfi mourut miferablement.

DE LA MORT DE IAQVES
Latomus, docteur en Theologie.

Aques Latomus, felon la reputation commune, eftoit le premier & le plus excellẽt Theo-
logien de toute l'vniuerfité de Louuain. Il ne
s'eſt efpargné tant qu'il a peu, d'impugner la verité & en
particulier & en publique : comme tefmoignent affez les
efcrits qu'il a mis en lumiere contre Luther & Eco-
lampade, & contre Erafme. Aduint enuiron douze ans y
a, qu'à certain iour folennel & deuotieux, il fut euoqué
pour prefcher deuant l'Empereur Charles V, qui pour
lors eftoit à Bruxelles. Plufieurs attendoyent grãd' chofe
de fa predication, veu la grande renõmée qu'il auoit: mais
eftant monté en chaire bien ornée, il fut tellemẽt faifi d'e-
ftonnement, qu'on ne fauoit qu'il vouloit dire, & s'expo-
fa en pure moquerie à toute la Cour. Maximilian comte
de Burre, qui de fon viuant a toufiours eu grand credit de
dire librement toutes chofes, le mefme iour à l'apres dif-

née de l'Empereur eſtāt à deuiſes, dit, Sire, vous auez ouy la predicatiō de noſtre Maiſtre, ſi ainſi eſt qu'il ſoit le plus excellent de voſtre vniuerſité de Louuain, il faut bien dire que les autres ſoyent bien beſtes. Ce propos s'en alla en riſée: & le doƐteur Latomus s'en retourna tout chargé de honte, à Louuain. De ce coup il entra en vne apprehenſion ſi grande du deshonneur, que de là il fut auſſi ſaiſi de deſeſpoir, tellement qu'il ne ſe pouuoit contenir qu'il ne le manifeſtaſt és leçons qu'il fit depuis ſon retour aux eſcholes ordinaires de Theologie. Souuent luy eſchappoit de dire qu'il auoit impugné la verité. Les autres Theologiens s'en apperceurēt: & principalemēt vn nommé Roardus Tappaert d'Encuſe, Hollādois, doyen de S. Pierre & de la faculté de Theologie, grand ennemi de la verité. Ceux-ci donc voyans la diſpoſition de ce doƐteur, le firent tenir enfermé en ſa maiſon. Depuis ce temps-la iuſques au dernier ſouſpir de ſa vie, le poure Latomus ne tenoit autres propos, ſinon qu'il eſtoit dāné, qu'il eſtoit reietté de Dieu: & qu'il n'eſperoit plus aucun ſalut ne pardon, comme celuy qui auoit d'vne certaine malice bataillé contre la verité de Dieu. De ces derniers propos gens dignes de foy en ont fait certain rapport: & ſur tous, vn medecin qui fut appelé pour ſubuenir à la maladie dudiƐt Latomus, de la bouche duquel auāt ſa mort auoit ouy tels propos horribles de deſeſpoir.

¶ De ces mōſtres prodigieux : & des horribles exemples des iugemens de Dieu, tous Fideles ſoyent à preſent aduertis d'en faire leur profit.

www.ingramcontent.com/pod-product-compliance
Lightning Source LLC
LaVergne TN
LVHW050604090426
835512LV00008B/1339